普 通 高 等 职 业 教 育 规 划 教 材
21世纪卓越汽车应用型人才培养专用教材

汽 车 概 论

实训项目作业书

主　编　荆旭龙　姜国华
编　写　何云丰　吴永富　吴中华　李　云
主　审　夏令伟

同济大学出版社
TONGJI UNIVERSITY PRESS

内 容 提 要

本书是“汽车概论”课程的配套实训教材，全书共分5个实训，包括汽车的组成，汽车的使用，汽车常用维修工具的使用，汽车的日常维护，汽车的一级维护。

本书适合作为高职高专汽车运用技术、汽车检测与维修、汽车技术服务与营销、汽车电子等专业的实训教材，也可以作为成人高等教育相关课程的实训教材，还可以供汽车维修人员、驾驶人员和汽车技术爱好者参考阅读。

图书在版编目(CIP)数据

汽车概论实训项目作业书/荆旭龙，姜国华主编；何云丰等编写．—上海：同济大学出版社，2011.8(2013.7重印)

普通高等职业教育规划教材　21世纪卓越汽车应用型人才培养专用教材

ISBN 978-7-5608-4614-9

Ⅰ．①汽…　Ⅱ．①荆…②姜…③何…　Ⅲ．①汽车—高等职业教育—教学参考资料　Ⅳ．①U46

中国版本图书馆CIP数据核字(2011)第138341号

普 通 高 等 职 业 教 育 规 划 教 材
21世纪卓越汽车应用型人才培养专用教材

汽车概论实训项目作业书

组编 华汽教育　**主编** 荆旭龙　姜国华　**编写** 何云丰　吴永富　李　云　吴中华　**主审** 夏令伟

责任编辑 陈佳蔚　**责任校对** 徐春莲　**封面设计** 庞　波　**项目执行** 陈佳蔚　周群飞

出版发行　同济大学出版社(www.tongjipress.com.cn　地址：上海市四平路1239号
邮编 200092　电话 021-65985622)
经　　销　全国各地新华书店
印　　刷　常熟市大宏印刷有限公司
开　　本　889 mm×1 194 mm　1/16
印　　张　8.75
印　　数　10 401—12 700
字　　数　280 000
版　　次　2011年8月第1版　2013年7月第6次印刷
书　　号　ISBN 978-7-5608-4614-9

定　　价　19.00元

普通高等职业教育规划教材
21世纪卓越汽车应用型人才培养专用教材

专业建设指导委员会

普 通 高 等 职 业 教 育 规 划 教 材
21世纪卓越汽车应用型人才培养专用教材

编审委员会

序

汽车产业是我国最重要的支柱产业之一，对国民经济的发展起着重要的作用。经过几代人的共同努力，20世纪90年代初我国的汽车产业进入了前所未有的全面快速发展阶段。2009年国内汽车产业实现了历史性跨越，以年产、销量均超1 000余万辆而居全球之首。

我们国家虽已成为汽车大国，但还远不是汽车强国。我们还没有大型国际化汽车公司，没有世界知名的自主汽车品牌，没有完全掌握汽车工业的核心技术，对国外汽车市场的开拓尚处于起步阶段。显然，要成为汽车强国，任重而道远。

汽车产业具有人才密集、资金密集、技术密集、装备集约化和生产规模化的特点。在这些产业要素中，专业人才具有极为重要的地位。无论是在汽车的研发、制造等汽车产业链的前端，还是在汽车的销售、应用、维修乃至报废处理等汽车产业链的后端，都需要大批具备基本理论知识、掌握现代汽车核心技术、具有熟练操作技能的工程技术人员和技术工人。

就汽车后市场而言，随着我国汽车产业的加速发展、汽车技术的不断进步、汽车社会保有量的持续增加，从事汽车技术服务与营销、汽车检测与维修的从业人员已日益增多，对高质量、高技能人才的需求仍将不断扩大，各类训练有素的高技能人才的短缺是不争的事实，这已引起全国上下的广泛关注。

开展多层次、多种形式的职业教育，加强从业人员的职前和职后培训，是解决汽车专业人才紧缺的有效途径。为此，许多高等职业院校增设了汽车专业，与汽车技术普及和提高相关的各类培训机构和技能鉴定机构亦大量涌现，职业教育呈现出良好的发展势头。然而，由于传统教学体制和教学理念的局限性，高等职业院校的专业建设水准与汽车产业发展的实际需要还有很大差距；各类培训机构也同样面临提高培训质量的问题。诚如教育部"教高[2006]16号文件《关于全面提高高等职业教育教学质量的若干意见》"中所指出的，"随着我国走新型工业化道路、建设社会主义新农村和创新型国家对高技能人才要求的不断提高，高等职业教育既面临着极好的发展机遇，也面临着严峻的挑战"。显然，提高教育质量和技能培训质量是当前高等职业教育面临的最大挑战。

教材建设是高等职业院校专业建设的基石，是人才培养计划得以成功的必要条件，是提高高等职业教育质量的重要保障。为认真贯彻党的十七大会议精神和《国务院关于大力推进职业教育改革与发展的决定》，根据教育部大力推动技能型紧缺人才培养培训工程的指导思想，同济大学出版社联合上海中锐教育集团旗下的华汽教育、无锡南洋职业技术学院以及与中锐教育集团合作开办汽车相关专业的全国15所高等职业院校，在总结近几年教学经验的基础上，组织编撰了"普通高等职业教育规划教材·21世纪卓越汽车应用型人才培养专用教材"丛书。

为了做好教材的组编工作，编撰人员深入探讨了国内高等职业院校的特点和教学规律，对德国、美国、日本等发达国家的汽车职业教育进行了多次考察，同时结合中锐教育集团为汽车生产厂商开发企业内部培训课程的经验，力求在"因材施教、学以致用"上有所突破；力求在"淡化学科分类、突出综合应用"

上有所突破；力求在高等职业院校教材的内容、体例、风格上有所突破。

本丛书是为培养高素质、高技能紧缺人才而编写的，为此组建了以高等院校、高等职业技术学院、汽车工程学术组织、汽车技术研究机构、汽车生产企业、汽车经销服务企业、汽车维修行业协会、汽车流通行业协会以及汽车职业技能培训机构等各方人士相结合的教材编审委员会，以保证教材质量，促进我国高等职业教育事业的发展，造福于莘莘学子。

真诚地希望本丛书的出版能对我国的职业教育和技能培训有所裨益，热切期待广大读者提出宝贵意见和建议，使教材更臻完善。

李理光

2010年7月

前　言

随着国民经济的蓬勃发展，我国的汽车工业发展势头迅猛，汽车产量连续上升。汽车由最初的深不可测到现在的技术普及，其正确的使用和维护方法越来越受到人们的关注。国内外各大汽车厂商在激烈的竞争中进一步分化重组，新技术和新结构不断涌现，教学模式以及学生的学习方式也应发生相应变化，为了适应新形势下的教学需求，特组织具有丰富教学经验的专业教师和汽车行业专家一起编写此教材，为后续课程打下坚实基础。

本书共分为5个实训内容，包括介绍汽车的分类、组成等基础知识，让学生对汽车有较深的感性认识；介绍汽车的使用，其中包括汽车发动机的起动和熄火，离合器、制动器、加速踏板和驻车制动的操作，灯光以及汽车上各个辅助电气设备的使用等，能让学生掌握正确操作汽车的能力；介绍汽车常用工具的使用，包括在汽车维修和保养的过程中可能涉及的通用工具和专用工具等，能让学生掌握工具和设备的正确操作和使用方法；介绍汽车的日常维护，通过学习能够让学生掌握汽车日常维护的基本技能；介绍汽车的一级维护，在日常维护的基础上更进一步地对车辆的维护和保养内容进行操作示范，使学生最终可以掌握车辆一级维护所有项目的操作。为了便于教学，本书所涉及的相关操作内容均以别克凯越车辆为例进行示范操作。

本书的特色在于运用了大量的实物照片，使学生能够非常直观地辨认出汽车上各个部件以及工量具设备的外观和所处部位。另外，本书的工作页突出了基本理论知识对实训操作的指导，规范学生的操作，培养学生自主学习和综合分析问题的能力。本书涉及的内容实用简练，具有很强的可操作性，既可以作为教师的实训指导、备课参考资料，又可以作为学生上实训课时的操作指导。

本书由无锡南洋职业技术学院教师编写，荆旭龙主编负责编写实训一、实训二和实训三；姜国华主编负责编写实训四和实训五，何云丰、吴永富、吴中华、李云协助编写本书以及进行大量实物照片的拍摄，夏令伟任主审。在编写的过程中部分借鉴了别克凯越汽车用户手册，在此对通用汽车表示衷心感谢。

由于水平有限，不足之处在所难免，恳请读者提出宝贵意见。

编　者

2011年4月

目 录

实训一　汽车的组成

姓名：____________　　班级：____________　　日期：____________

一、实训指导

(一) 实训目标

1. 熟悉汽车的分类；
2. 认识汽车的四大组成部分；
3. 认识汽车各个组成部分的基本组件及其所在位置。

(二) 安全要求及注意事项

1. 遵守实训场地的各项安全制度；
2. 未经老师同意不得擅自动用实训中心的任何设备和工具；
3. 未经老师同意不得擅自动用实训车辆的任何开关；
4. 保持实训场地的清洁。

(三) 设备/工具/耗材要求

设备：别克凯越或其他同类轿车一辆、解剖客车(货车)整车一辆、发动机台架一个、底盘和车身总成件若干、电器总成件若干、举升机一台。

工具：无。

耗材：无。

(四) 实训操作指导

1. 汽车的类别

根据国标 GB/T3730.1—2001《汽车和挂车类型的术语和定义》,汽车按用途分为乘用车和商用车两大类。

1) 乘用车

主要用于载运乘客及其随身行李和临时物品的汽车,包括驾驶人座位在内最多不超过 9 个座位。

乘用车主要分为普通乘用车、活顶乘用车、高级乘用车、小型乘用车、敞篷车、舱背乘用车、旅行车、多用途乘用车、短头乘用车、越野乘用车、专用乘用车(旅居车、防弹车、救护车和殡仪车等)。

普通乘用车(左：别克凯越，右：大众 POLO)

活顶乘用车 (JEEP 牧马人)

舱背乘用车(雪铁龙 C4)

短头乘用车

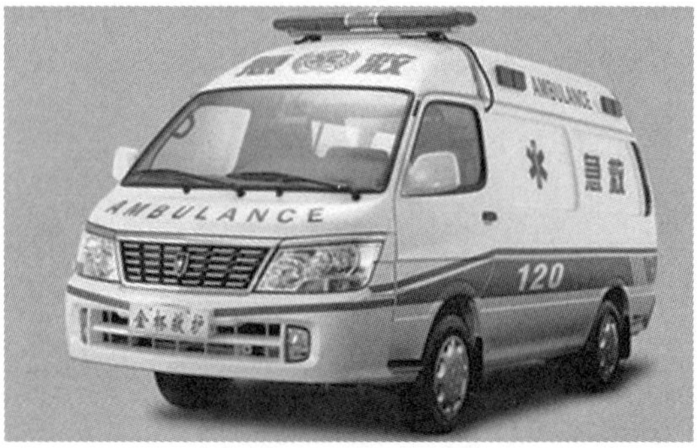

专用乘用车(救护车)

敞篷车(左：法拉利，右：宝马)

高级乘用车(左：奔驰 S600,右：迈巴赫 62)

旅行车(左：奔驰 C 级旅行车,右：马自达 6 旅行车)

越野乘用车(左：丰田 FJ 酷路泽,右：北京长城)

2）商用车

主要用于运送人员和货物的汽车,并且可以牵引挂车。

商用车主要分为客车(小型客车、城市客车、长途客车、旅游客车、铰接客车、无轨电车、越野客车、专用客车)、货车(普通货车、多用途货车、全挂牵引车、越野货车、专用作业车、专用货车)和半挂牵引车。

长途客车

城市客车

普通货车

专用作业车(高空作业车)

2. 汽车的组成

汽车通常由发动机、底盘、车身和电气(电子)设备四大部分组成。下面主要以上海通用别克凯越轿车为例进行讲解。

1) 发动机组成

发动机是汽车的动力装置,它的作用是使供入的可燃混合气燃烧而产生动力。一般汽车都采用往复活塞式内燃机。它由机体、曲柄连杆机构、配气机构、燃料供给系统、冷却系统、润滑系统、点火系统(汽油发动机)和起动系统组成。

别克凯越 1.6 L 发动机舱全图

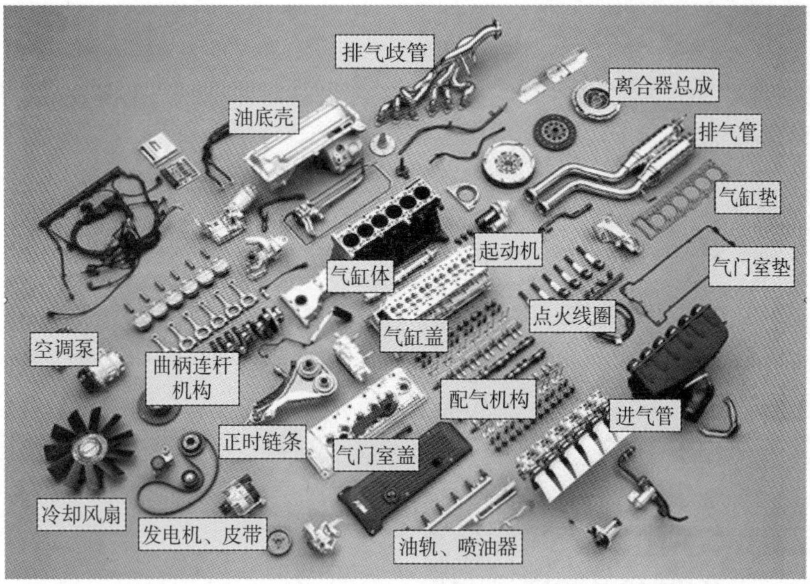

发动机分解图

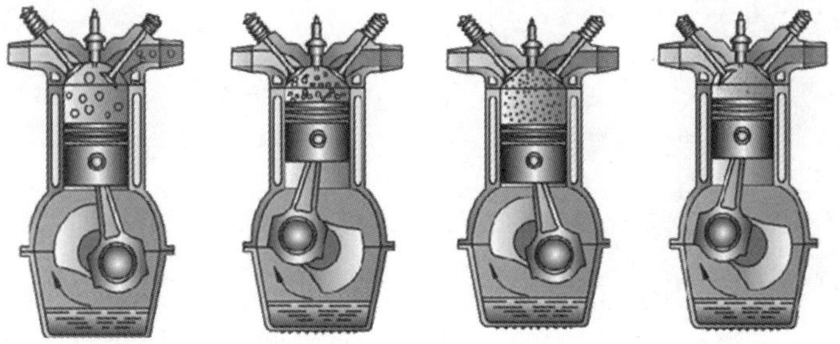

四冲程汽油发动机工作原理图

曲柄连杆机构

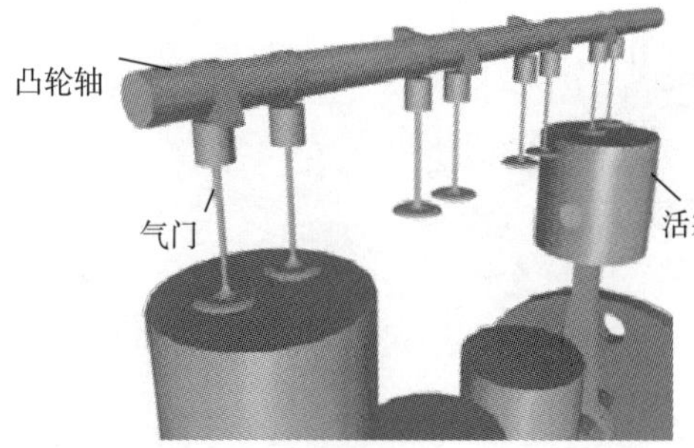

配气机构

(1) 燃料供给系统：将空气与雾化后的汽油充分混合后，形成可燃混合气，提供给发动机并对可燃混合气的供给量及其浓度进行有效的控制，使发动机在各种工况下都能连续、稳定运转。

下面为部分燃料供给系统实物图。

燃油箱

汽油滤清器

燃油加注口

燃油压力调节器

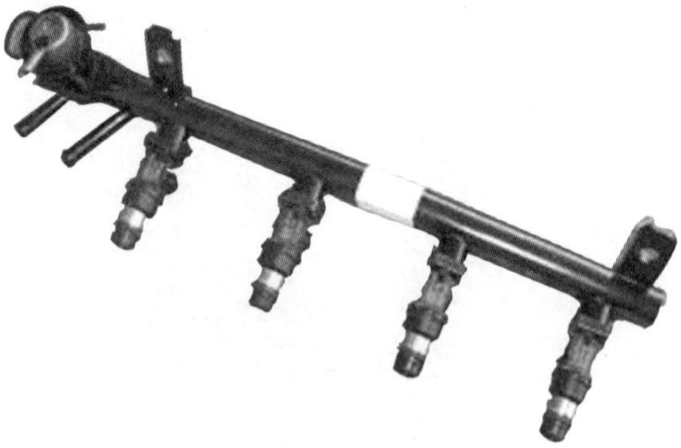

油轨及喷油器

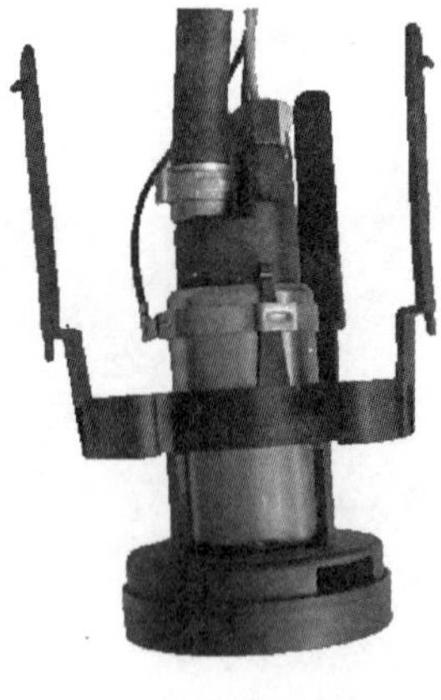

电动燃油泵

(2) 冷却系统：使发动机得到适度的冷却，并保持其在最适宜的温度范围内工作。下面为部分冷却系统实物图。

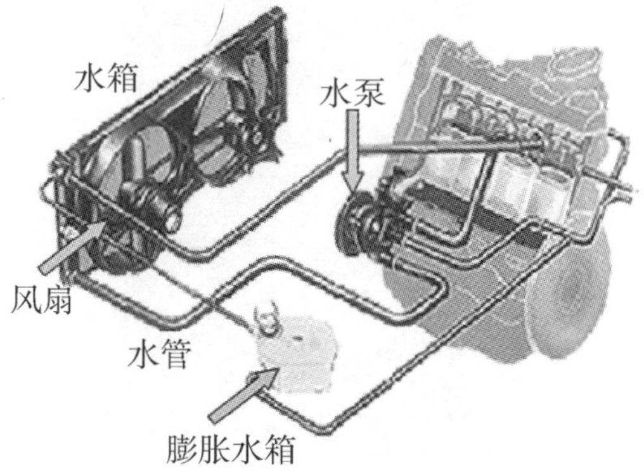

冷却系统示意图

膨胀水箱

风扇

水泵

(3) 润滑系统：将清洁的润滑油不间断地、充分地供给各运动件的摩擦表面，使发动机各零件能正常工作。下面为部分润滑系统实物图。

机油滤清器

机油加注口

发动机油底壳

凯越机油(上海通用原厂 5W－30)

(4) 点火系统和起动系统：点火系统的作用是按照发动机的点火顺序，在一定的时刻供给火花塞足够能量的高压电，使其两极产生高压火花，点燃混合气使发动机做功。

起动系统的作用是供给发动机曲轴足够的起动转矩，以便使发动机曲轴达到必需的起动转速，使发动机进入自行运转状态。当发动机进入自由运转状态后，便结束任务立即停止工作。

下面为部分点火系统和起动系统的实物图。

点火线圈(方框内)

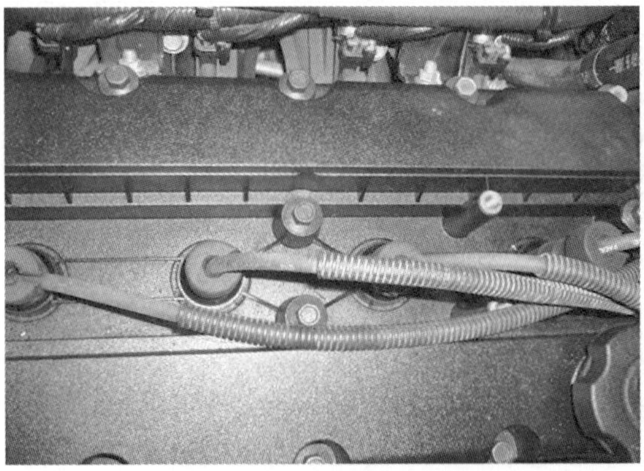

高压分缸线(实车位置)

火花塞

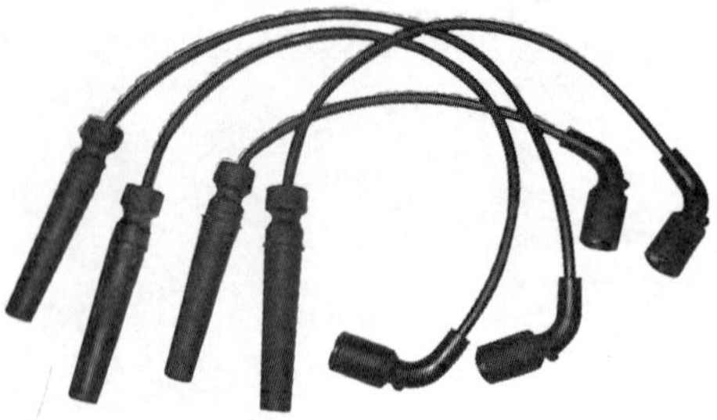

高压分缸线(零件)

蓄电池

点火开关

起动机部件图

起动机实车安装位置

2）底盘和车身组成

底盘由传动系统、行驶系统、转向系统和制动系统组成。

(1) 传动系统：将发动机的动力传递到驱动车轮的系统。传动系统包括离合器、变速器、万向传动装置和驱动桥等。

发动机产生动力通过离合器结合将动力传递给变速器，再由变速器的输出轴将动力传递给万向节以及半轴，最终将动力传递到汽车的驱动轮。

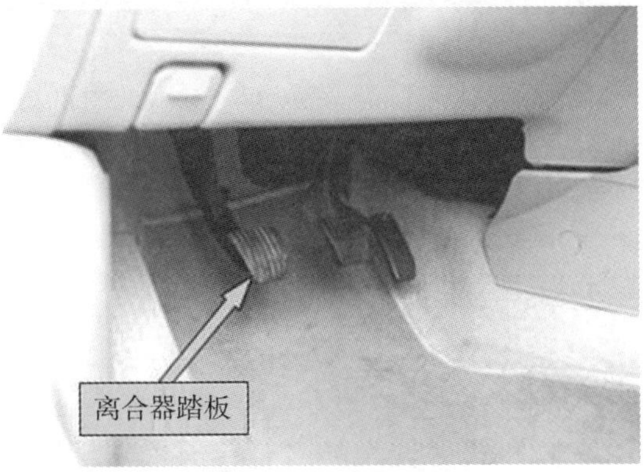

离合器踏板实车位置

离合器实车位置(方框内)

离合器部件图

变速器实车位置(方框内)

变速器换挡杆(手动)

变速器换挡杆(自动)

传动轴(左)

传动轴(右)

(2) 行驶系统:使汽车各总成及部件安装在适当位置,并对全车起支撑作用,以保证汽车正常行驶。行驶系统包括车架、车桥、悬架、车轮等。

车架的作用是支承车身,承受汽车载荷,固定汽车大部分部件和总成。汽车的车架要求有足够的强度和合适的刚度,结构简单,质量轻。能够尽量降低汽车的重心和获得较大的前轮转向角,以保证汽车行驶时的稳定性和转向灵活性。

前车架

后车架

车桥的作用是传递车架与车轮之间的各个方向的作用力。普通轿车的前车桥一般是转向驱动桥，其作用是驱动汽车行驶，并在转向时，利用转向节的摆动使车轮偏转一定的角度以实现汽车的转向，且承受一定的载荷。普通轿车的后车桥一般是支持桥，支持桥仅起到支撑车身上的各种不同方向的载荷作用。

前车桥(转向驱动桥)

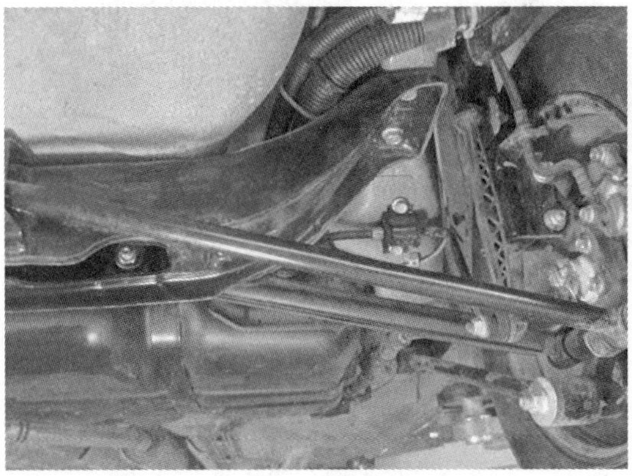

后车桥(支持桥)

悬架的作用是连接车桥与车架，并传递二者之间的相互作用力，减小振动，保证汽车的正常行驶。悬架由弹性元件、减震器和导向元件三部分组成。

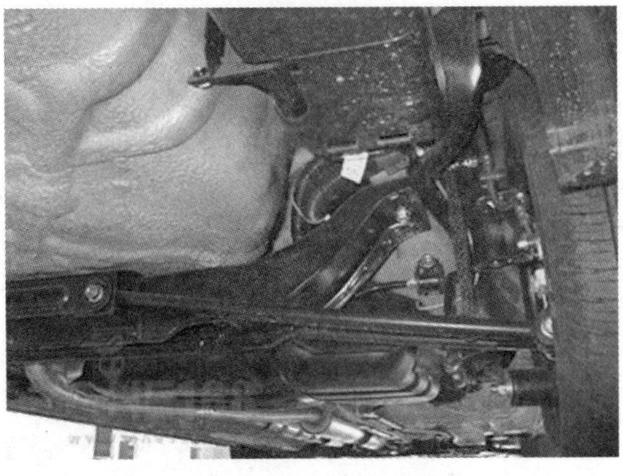

前悬架(导向元件)

前悬架(减震器与弹性元件)

后悬架(导向元件)

后悬架(减震器与弹性元件)

车轮与轮胎的作用是支承整车,缓和由路面传来的冲击,通过轮胎与路面间存在的附着作用产生驱动力和制动力。使汽车保持直线行驶方向,承担越障提高通过性的作用等。

车轮

轮胎

(3) 转向系统:使汽车按驾驶人给定的方向行驶。转向系统包括转向盘、转向器、转向传动机构和动力助力装置。

转向盘

液压助力转向器

动力转向液加注口

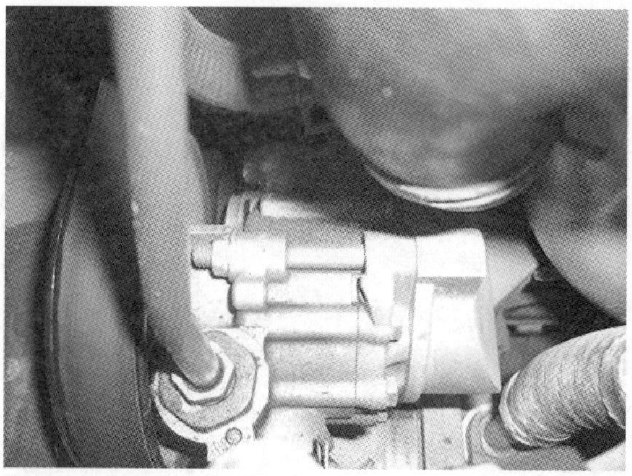

转向助力泵

(4) 制动系统：使汽车减速或停车，并保证驾驶人离开汽车后能可靠地驻留原地。制动系统包括制动器、制动传动机构和制动控制系统。

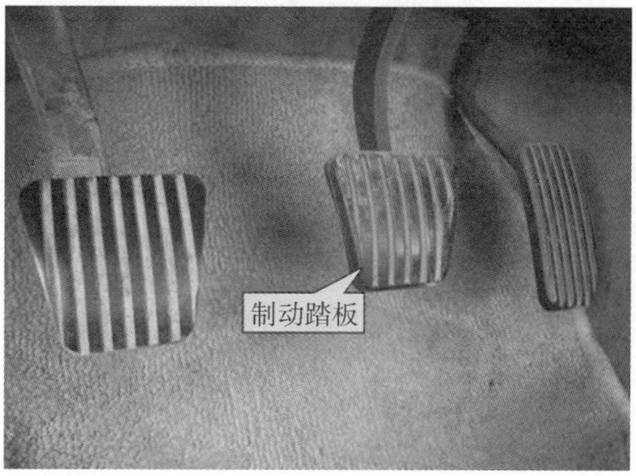

制动踏板

驻车制动踏板(别克君威)

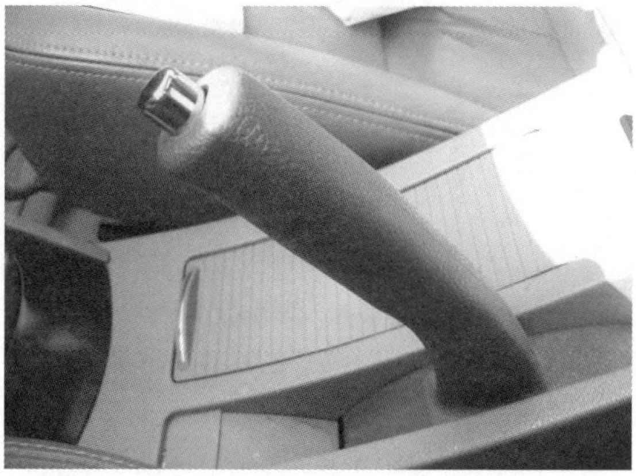

驻车制动器杆

制动总泵

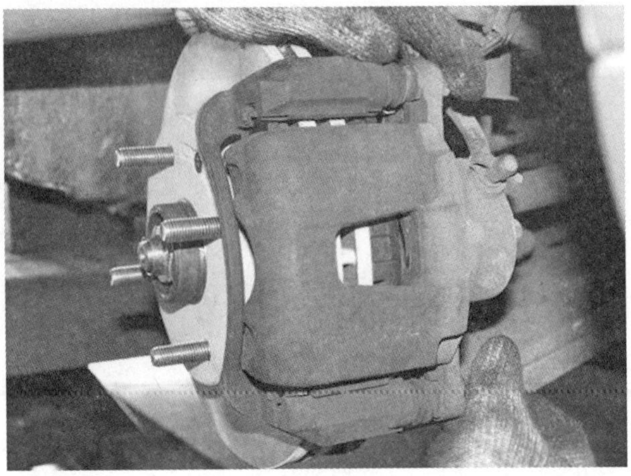

制动分泵

制动盘

制动片

鼓式制动器(大众 POLO)

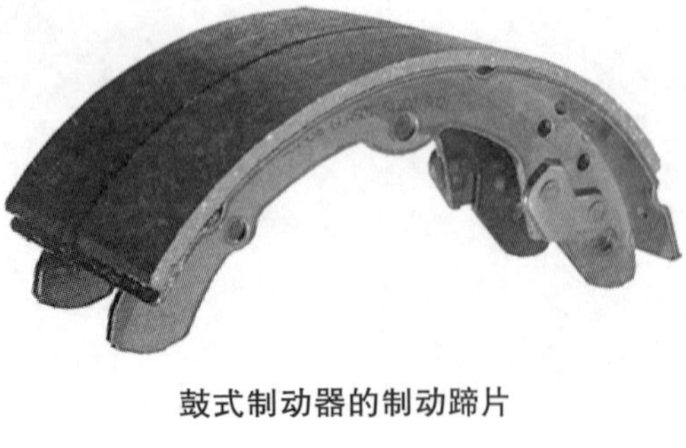

鼓式制动器的制动蹄片

ABS 总成

(5) 车身：形成驾驶人和乘客乘坐空间的装置，也可存放行李及其他物品。

车身(别克凯越)

车身(广本雅阁)

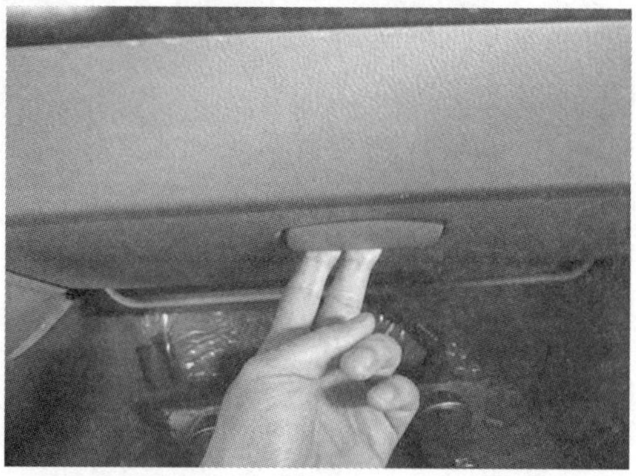
杂物箱

杂物箱打开

座椅高度调节旋钮

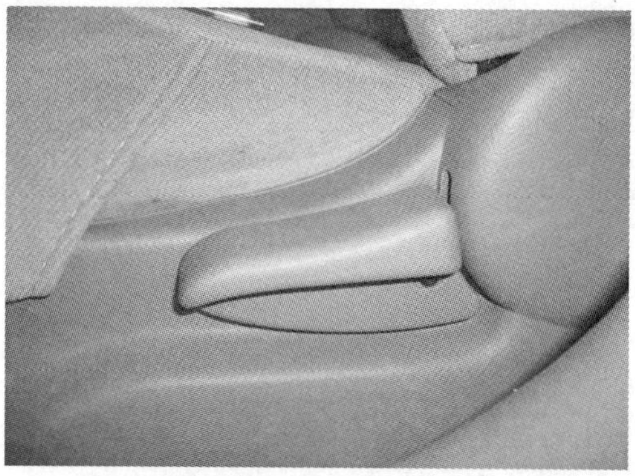
座椅靠背前后调节手柄

中央扶手储物箱

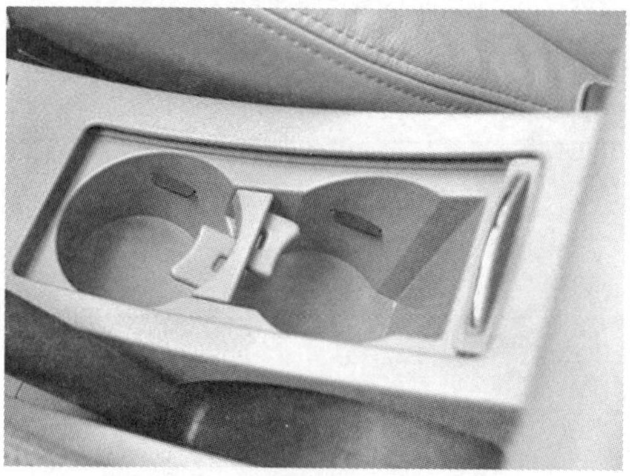
杯架

3）电气组成

汽车电气（电子）设备由发动机电气（电子）设备和车身电气（电子）设备组成。发动机电气（电子）设备主要包括起动系统和点火系统两个部分。车身电气（电子）设备主要由灯光照明、信号装置、空调、组合仪表、报警系统、辅助电气和各电控系统等组成。

蓄电池

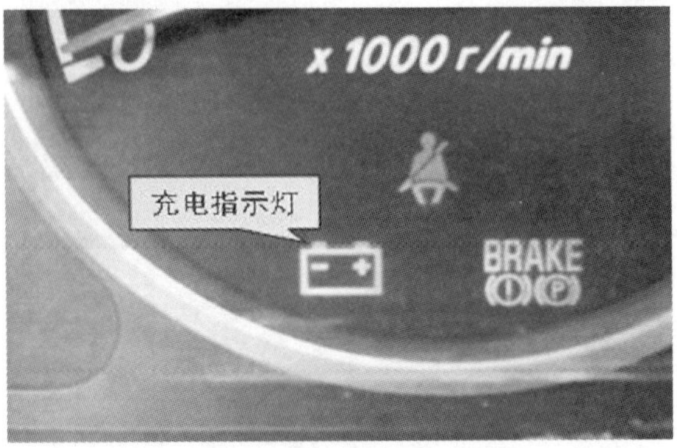

仪表组合上的充电指示灯

发电机在实车上的位置

发电机外观

点火开关

点火钥匙

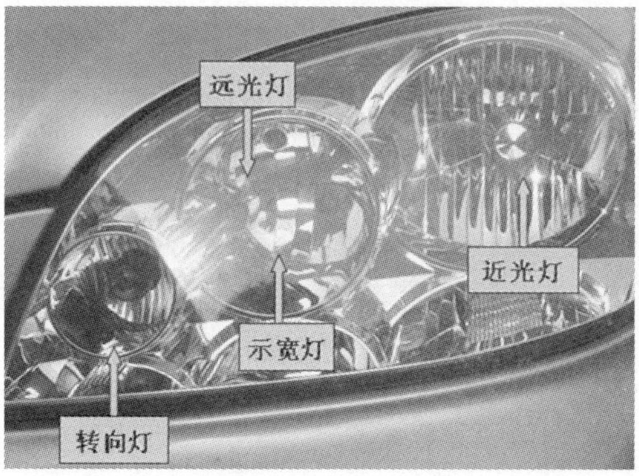

左前大灯总成(示宽灯、转向灯、远近光灯)

前雾灯

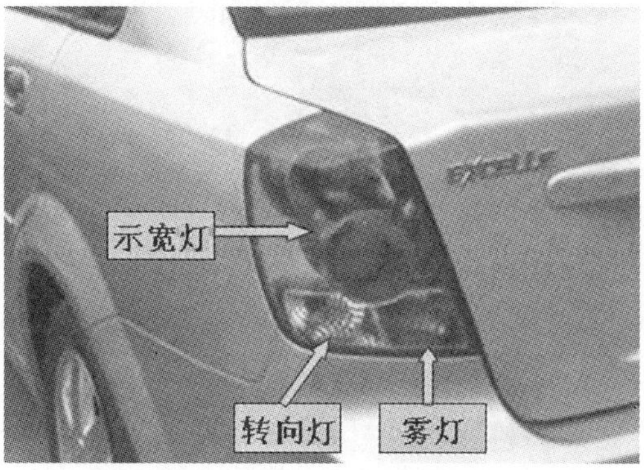

左后尾灯总成(示宽灯、雾灯、转向灯)

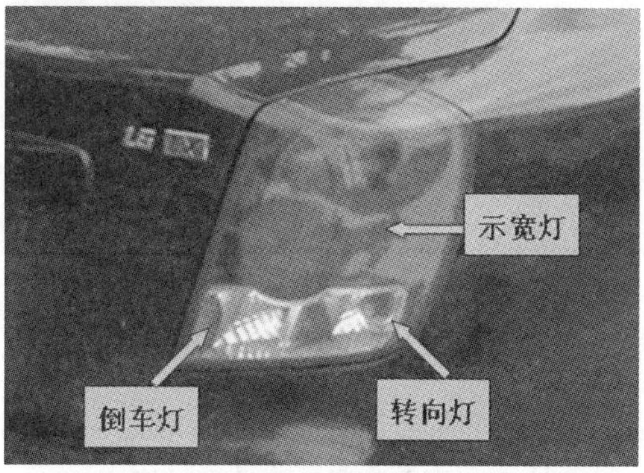

右后尾灯总成(示宽灯、倒车灯、转向灯)

主安全气囊(驾驶人侧)

副气囊(副驾驶侧)

电动后视镜

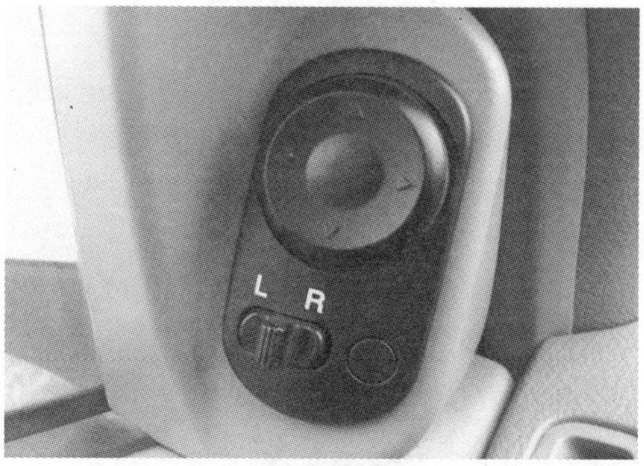

电动后视镜开关

刮水器

刮水器开关

中控面板(空调、CD、收音机等)

灯光组合开关

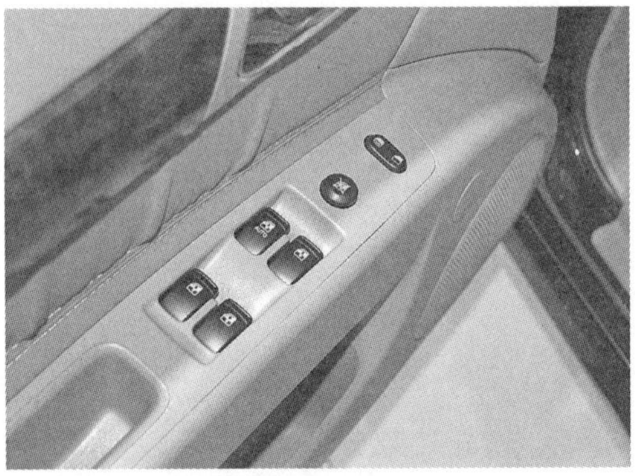
电动车窗开关(驾驶人侧)

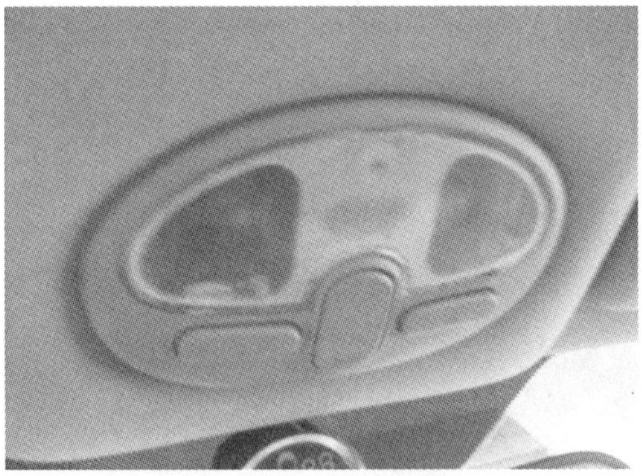
顶灯开关及天窗开关

点烟器

组合仪表

二、工作页

1. 通过上网或查找资料,列举下列乘用车的三种车型。

(1) 普通乘用车：________、________、________；

(2) 敞篷车：________、________、________；

(3) 高级乘用车：________、________、________；

(4) 旅行车：________、________、________；

(5) 越野乘用车：________、________、________。

2. 写出下列汽车照片的车系类别。

(1) ________________

(2) ________________

(3) ________________

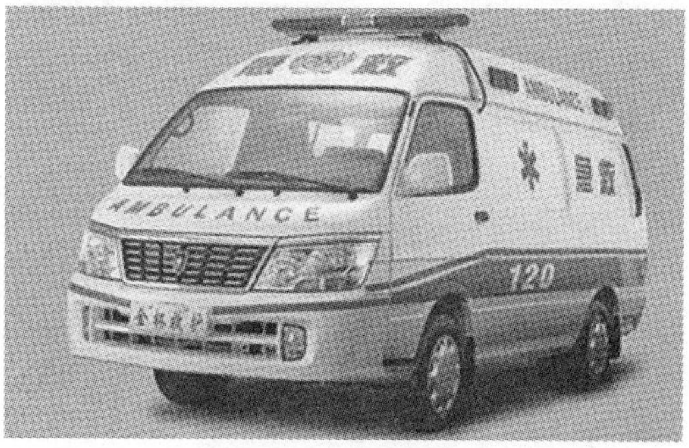

(4) ________________

(5) ________________

(6) ________________

(7) ________________

(8) ________________

(9) ________________

(10) ________________

(11) ________________

(12) ________________

(13) ________________

(14) ________________

(15) ________________

(16) ________________

3. 观察实训汽车,回答下列问题(在选择项打"√")。

车辆1:________________________

(1) 17位编码位置在什么地方?　前挡风玻璃左下方　前挡风玻璃右下方

(2) 发动机横置还是直列?　横置　直列

(3) 发动机有几个气缸?　4缸　6缸　8缸

(4) 有几个点火线圈?　1个　2个　4个

(5) 冷却风扇有几个?　1个　2个

(6) 蓄电池安装在发动机舱的什么位置?　左前　右前

(7) 采用哪种变速器?　手动变速器　自动变速器　手自一体变速器

(8) 有没有离合器踏板?　有　无

(9) 前轮驱动还是后轮驱动?　前轮驱动　后轮驱动

(10) 有无动力转向装置?　有　无

(11) 是否配置空调系统?　是　否

(12) 是否配置安全气囊?　是　否

(13) 是否有天窗?　有　无

(14) 是否配置电动座椅?　是　否

(15) 是否配置电动后视镜?　是　否

(16) 是否配置电动车窗?　是　否

(17) 有无倒车雷达?　有　无

(18) 雾灯是什么颜色?　红色　黄色　白色

(19) 倒车灯是什么颜色?　红色　黄色　白色

(20) 后小灯是什么颜色?　红色　黄色　白色

(21) 制动灯是什么颜色?　红色　黄色　白色

(22) 转向灯是什么颜色？ 红色 黄色 白色

车辆 2：________________

(1) 17 位编码位置在什么地方？ 前挡风玻璃左下方 前挡风玻璃右下方

(2) 发动机横置还是直列？ 横置 直列

(3) 发动机有几个气缸？ 4 缸 6 缸 8 缸

(4) 有几个点火线圈？ 1 个 2 个 4 个

(5) 冷却风扇有几个？ 1 个 2 个

(6) 蓄电池安装在发动机舱的什么位置？ 左前 右前

(7) 采用哪种变速器？ 手动变速器 自动变速器 手自一体变速器

(8) 有没有离合器踏板？ 有 无

(9) 前轮驱动还是后轮驱动？ 前轮驱动 后轮驱动

(10) 有无动力转向装置？ 有 无

(11) 是否配置空调系统？ 是 否

(12) 是否配置安全气囊？ 是 否

(13) 是否有天窗？ 有 无

(14) 是否配置电动座椅？ 是 否

(15) 是否配置电动后视镜？ 是 否

(16) 是否配置电动车窗？ 是 否

(17) 有无倒车雷达？ 有 无

(18) 雾灯是什么颜色？ 红色 黄色 白色

(19) 倒车灯是什么颜色？ 红色 黄色 白色

(20) 后小灯是什么颜色？ 红色 黄色 白色

(21) 制动灯是什么颜色？ 红色 黄色 白色

(22) 转向灯是什么颜色？ 红色 黄色 白色

三、复习思考题

1. 写出下列汽车零部件或总成名称。

（1）________________

（2）________________

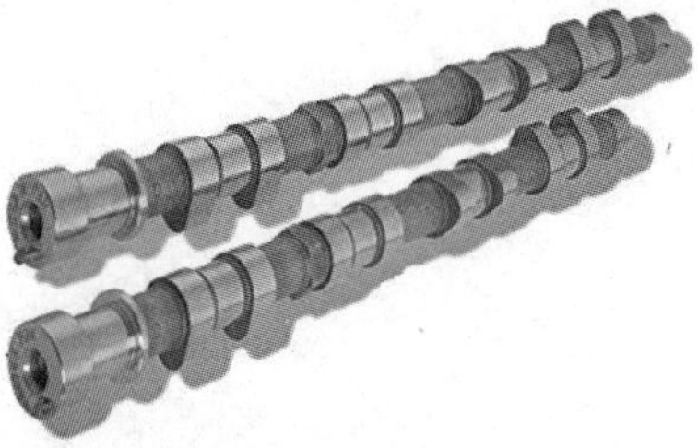

（3）________________

（4）________________

（5）________________

（6）________________

（7）________________

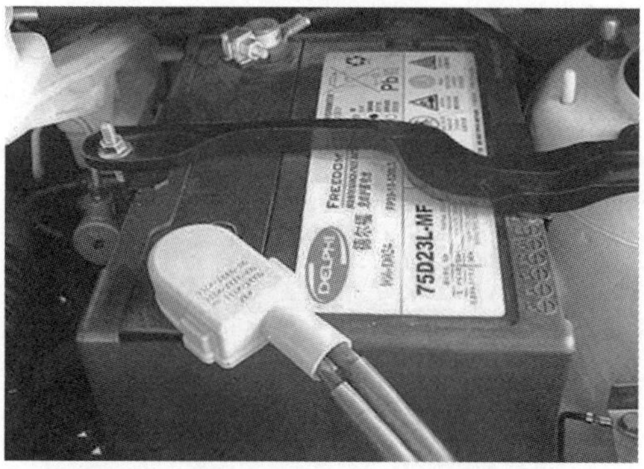

（8）________________

(9) ________________

(10) ________________

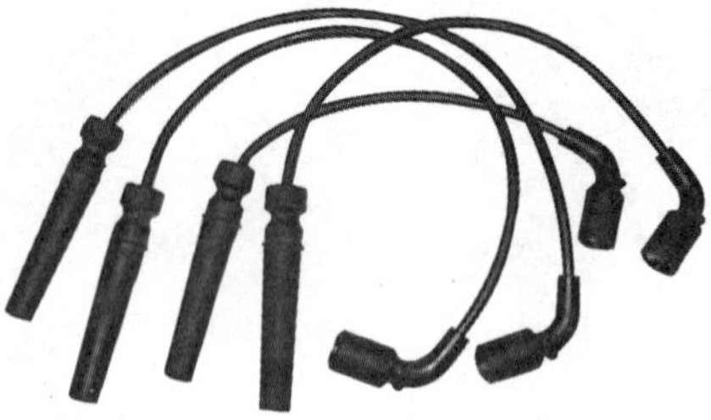

(11) ________________

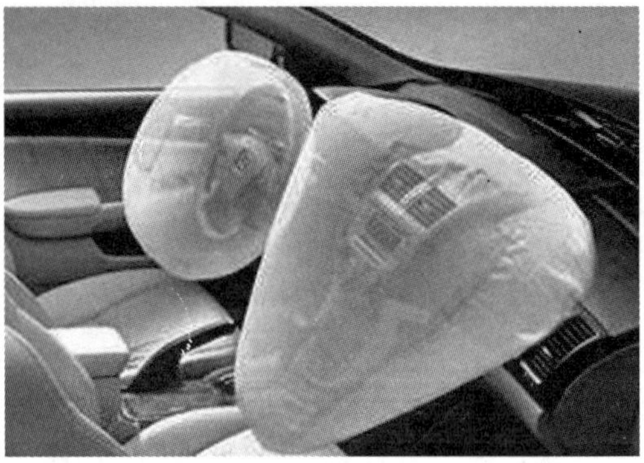

(12) ________________

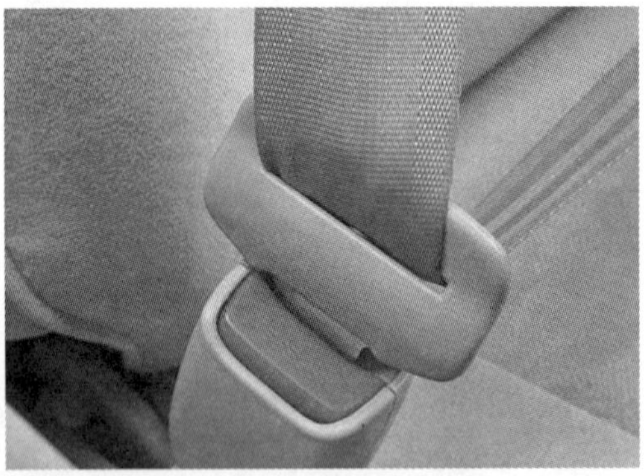

(13) ________________

(14) ________________

(15) ________________

(16) ________________

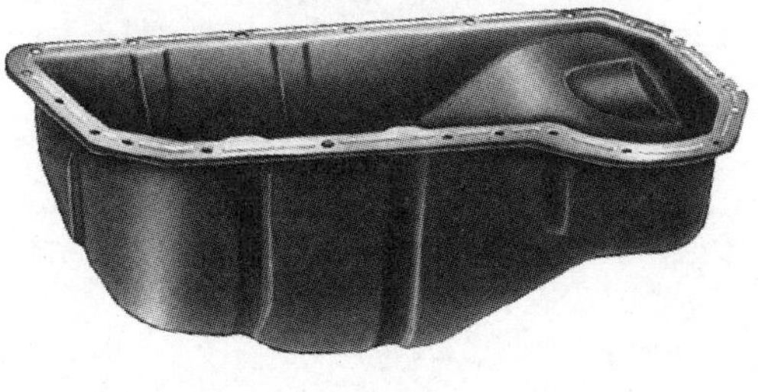

(17) ____________

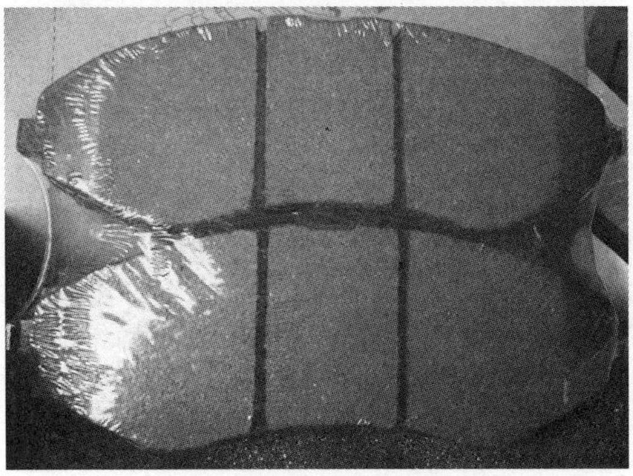

(18) ____________

(19) ____________

(20) ____________

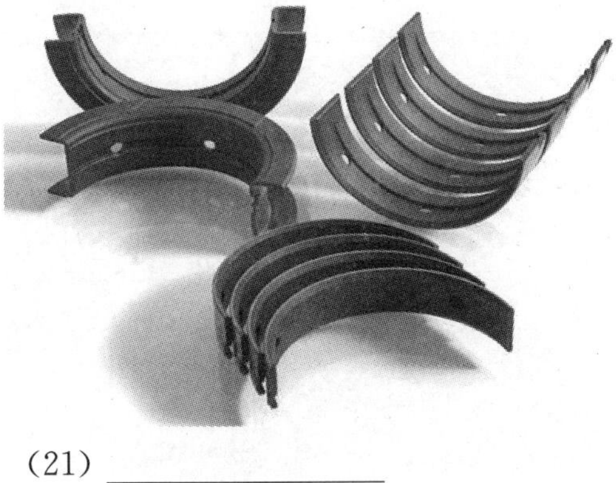

(21) ____________

(22) ____________

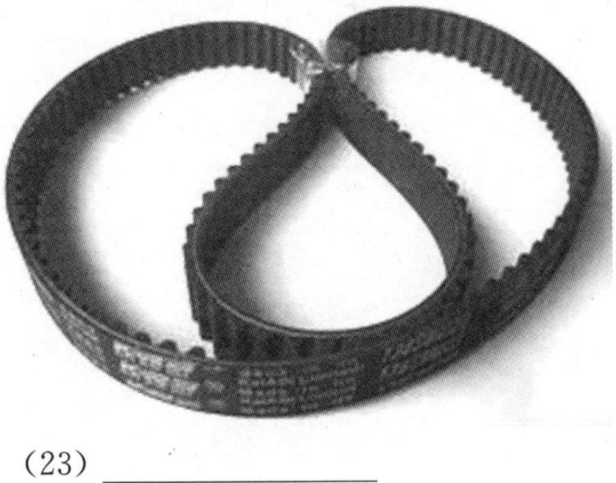

(23) ____________

(24) ____________

(25) ________________

(26) ________________

(27) ________________

(28) ________________

(29) ________________

(30) ________________

2. 观察实训车辆，查阅资料，回答下列问题。

(1) 汽车的四大组成分别包括哪些总成件？

(2) 高级车的定义是什么？别克凯越车、大众帕萨特车是高级车吗？为什么？

(3) 什么是扁平胎？实训车辆中哪些车采用扁平胎？

实训二　汽车的使用

姓名：__________　　班级：__________　　日期：__________

一、实训指导

（一）实训目标

1. 掌握汽车各系统的名称和作用；
2. 熟悉汽车各系统的使用方法。

（二）安全要求及注意事项

1. 遵守实训场地的各项安全制度；
2. 不论有无机动车驾驶证，未经老师同意不得擅自起动或驾驶实训车辆；
3. 实训车辆的车轮前后必须放置三角块；
4. 未经老师同意不得擅自动用实训中心的任何设备和工具；
5. 未经老师同意不得擅自动用实训车辆的任何开关；
6. 在老师的指导下，严格按照实训操作步骤操作；
7. 保持实训场地的清洁。

（三）设备/工具/耗材要求

设备：各项性能正常的别克凯越轿车一辆或其他轿车一辆。
工具：常用工具一套。
耗材：无。

（四）实训操作指导

汽车各专业的学生都必须掌握如何正确、安全地使用车辆。本实训以别克凯越汽车为例，分别对车辆的起动和熄火、各个踏板的操作、灯光、刮水器以及电动门窗等几个方面来介绍汽车的正确使用方法。

1. 汽车发动机的起动和熄火

汽车在行驶之前首先需要起动发动机，在停驶之后要使发动机熄火。掌握正确的起动和熄火操作方法，可延长发动机寿命，防止损坏发动机，确保起动安全性。起动和熄火的规范操作方法如下：

1）点火开关说明

点火开关一般有“LOCK”，“ACC”，“ON”和“START”四个位置，点火开关钥匙插入点火开关，首先在“LOCK”位置，然后顺时针旋转可依次至“ACC”，“ON”和“START”位置。各位置的作用是：

“LOCK”位置：“锁”位置，在该位置点火开关钥匙可插入点火开关或从点火开关拔出钥匙。

“ACC”位置：接通低电流电源，在这个挡可以使用音响、电动车窗、电动后视镜、收音机、点烟器等电器附件，但有关行车的系统在这个挡不会接通。

“ON”位置：接通行车有关的电气设备，如电动汽油泵，ABS、气囊、冷却液温度等各系统通电自检，组合仪表上相应的指示灯会点亮，自检 4 s 或 5 s 后，大部分指示灯会熄灭。点火开关钥匙在挡位停留的时间不能过长(最好不超过 5 min)，否则会消耗很多电力。

“START”位置：起动发动机，当发动机起动之后，松开点火钥匙，它会自动返回“ON”位置。

2) 起动

手动挡汽车起动步骤：

(1) 左脚踩下离合器踏板。

(2) 变速器换挡杆处在空挡位置。

(3) 将点火开关钥匙插入点火开关。

注意： 有的点火开关钥匙内有电子芯片，受到撞击会损坏，所以一定要防止它摔坏或受到撞击。

(4) 按箭头所示顺时针方向转动钥匙“START”位置，保持约 3 s，听到发动机起动运行后，松开手指，点火开关钥匙即可自动回至“ON”位置。

注意： 发动机起动运行后不需要用手将点火开关钥匙逆时针转动至“ON”位置。

（5）观察组合仪表上的发动机转速表，起动后发动机转速约 1 200 r/min（冷车），900 r/min（热车后）。

自动挡汽车起动步骤：

（1）将变速器换挡杆处在“P”挡位置。

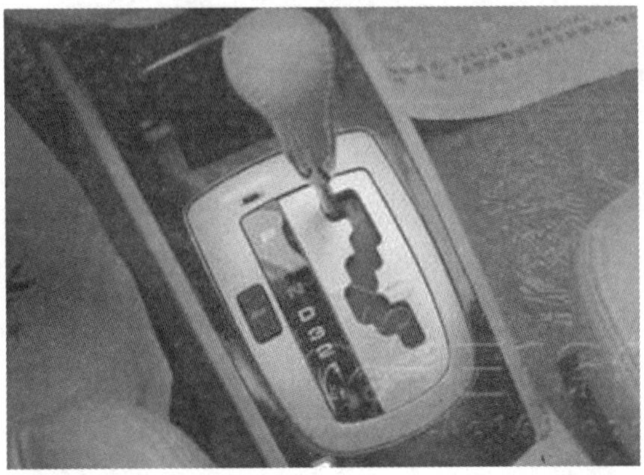

（2）或将变速器换挡杆处在“N”挡位置。

注意：在挂“P”挡或“N”挡时，需踩住制动踏板。剩余步骤与手动挡汽车的起动步骤相同。

3）熄火

手动变速器：将变速器换挡杆处于“N”挡，拉紧驻车制动器，此时可将发动机熄火。

（1）检查变速器换挡杆是否处在“N”挡位置。

（2）向上拉紧驻车制动器。

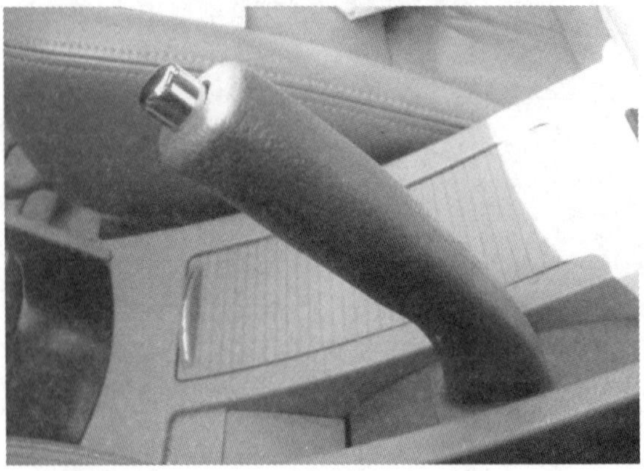

(3) 按箭头所示方向转动点火开关钥匙至“LOCK”位置，发动机熄火，拔出点火开关钥匙。

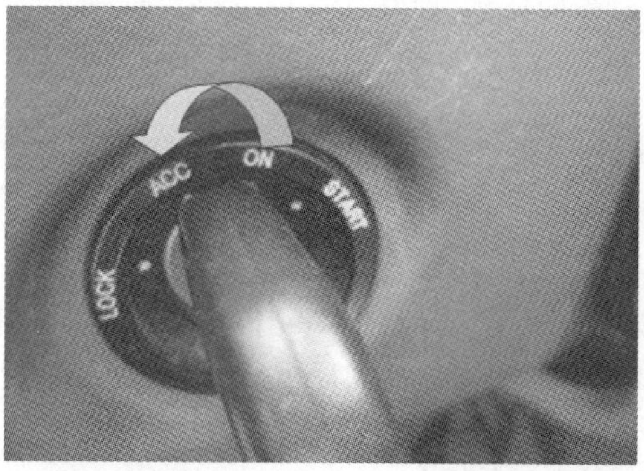

自动变速器：将挡位置于“P”或“N”挡位，拉紧驻车制动器后方可将发动机熄火。

2. 汽车离合器踏板、制动踏板、加速踏板和驻车制动的操作

对于手动挡的汽车，驾驶室下方有离合器踏板、制动踏板以及加速踏板。自动挡汽车无离合器踏板，只有制动踏板以及加速踏板。下面以手动挡凯越轿车为例说明各踏板以及驻车制动的正确操作方法。

1) 驾驶室下方的踏板位置

(1) 手动挡凯越的踏板。

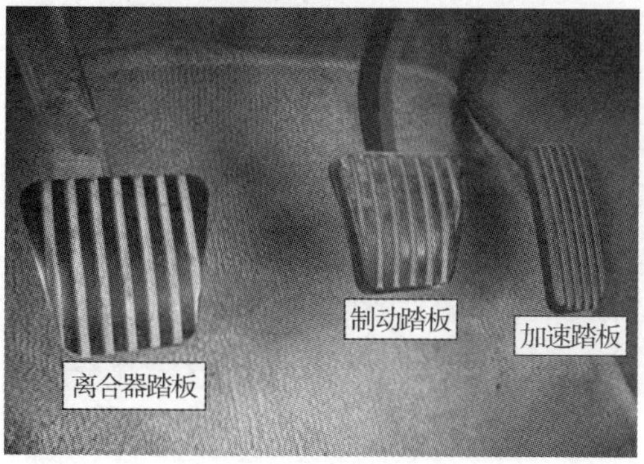

(2) 自动挡凯越的踏板(无离合器踏板)。

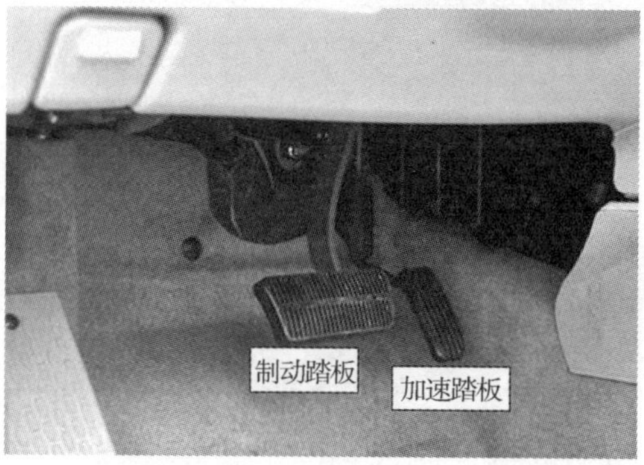

2) 离合器踏板的操作

(1) 将左脚脚掌放在离合器踏板上方。

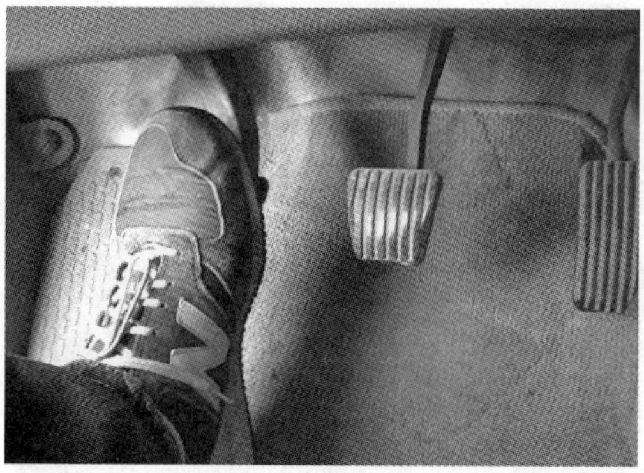

(2) 换挡时要求快速将离合器踏板踩到底，松开时要求缓慢抬起，且需与加速踏板相配合。

3）加速踏板的操作

（1）将右脚脚掌轻放在加速踏板上方，脚后跟支撑在地板上。

（2）加速时缓缓踩下加速踏板，换挡时应与离合器踏板相配合。

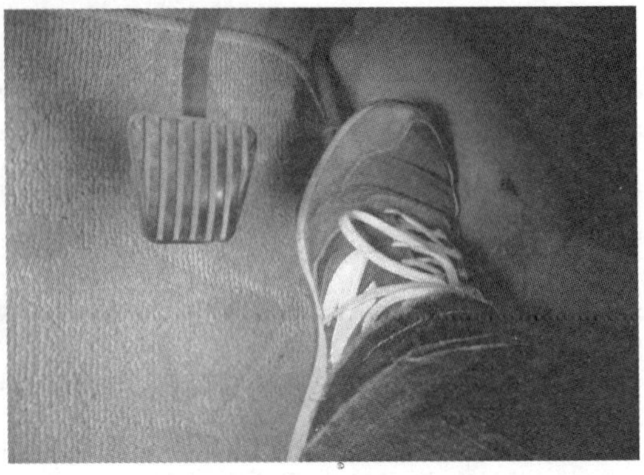

4）制动踏板的操作

（1）将右脚脚掌放在制动踏板上方，脚后跟支撑在地板上。

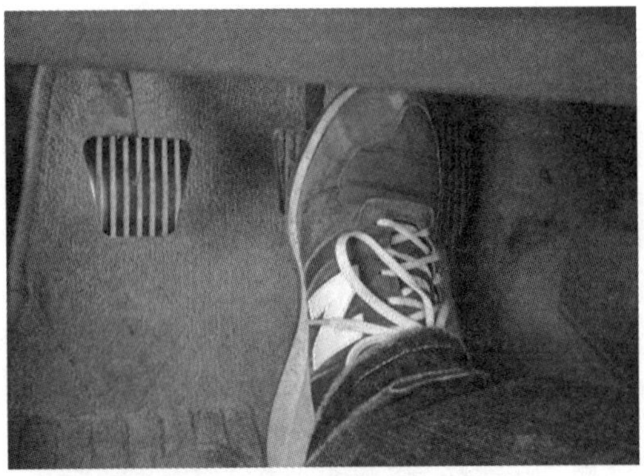

（2）根据路况决定踩下制动踏板的力度，紧急时应用全力踩下制动踏板。

5）驻车制动器的操作

当汽车停驶后，为防止车辆溜坡，应该拉起驻车制动器。当车辆遇到紧急情况，脚制动器失效时，也可拉起驻车制动器进行紧急制动。

（1）使用时，直接用右手握住手柄向上拉起。

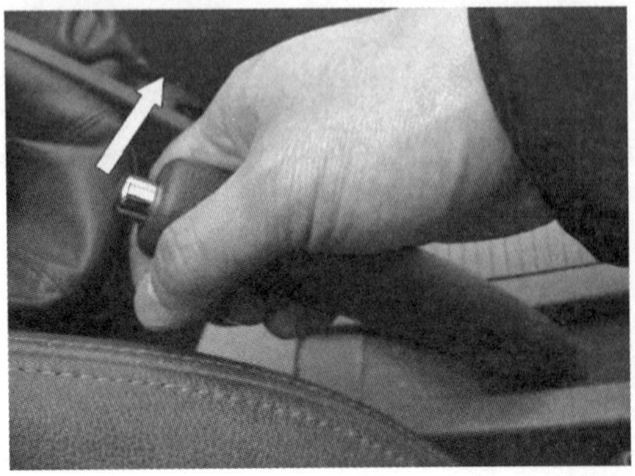

（2）驻车制动器手柄使用时的拉起状态。

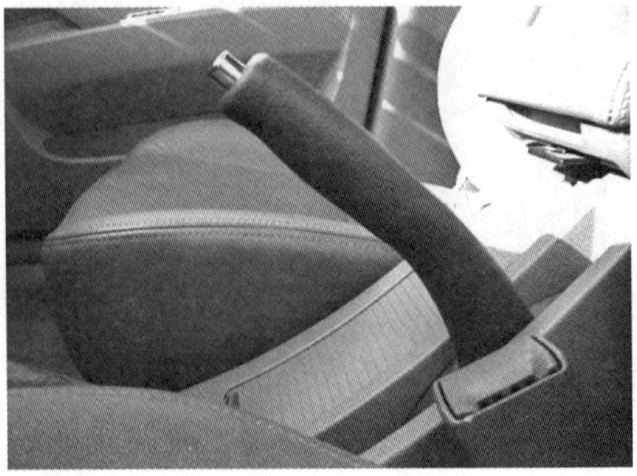

(3) 释放时，先用右手大拇指按下手柄顶部的锁止按钮，再向下松开手柄。

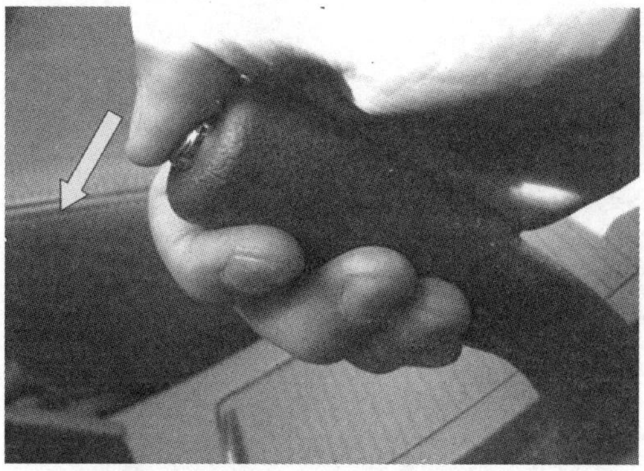

(4) 驻车制动器手柄释放时的状态。

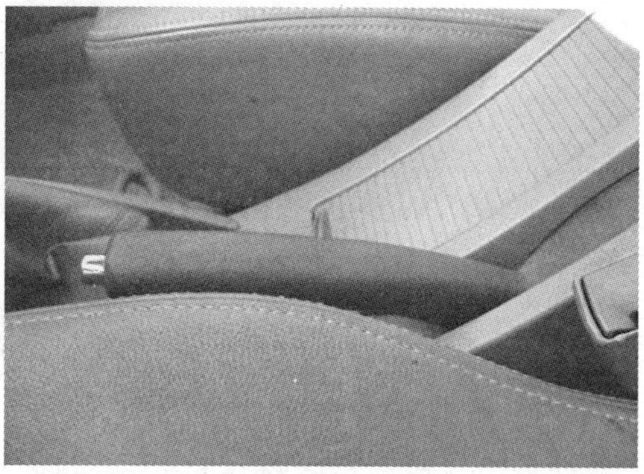

3. 灯光及其他电气设备的使用

别克凯越汽车的灯光主要有示宽灯(小灯)、前照灯(近光灯、远光灯)、转向灯、雾灯、危险警告灯等。汽车上的各种灯光有着不同的用途，正确地操作灯光有利于汽车行驶安全，防止事故发生。

1) 示宽灯

示宽灯也叫小灯，示宽灯的亮度不大，一般在天色渐暗、雨天或者地下停车场时，应该点亮该灯。

(1) 凯越汽车灯光控制杆(转向盘左侧)。

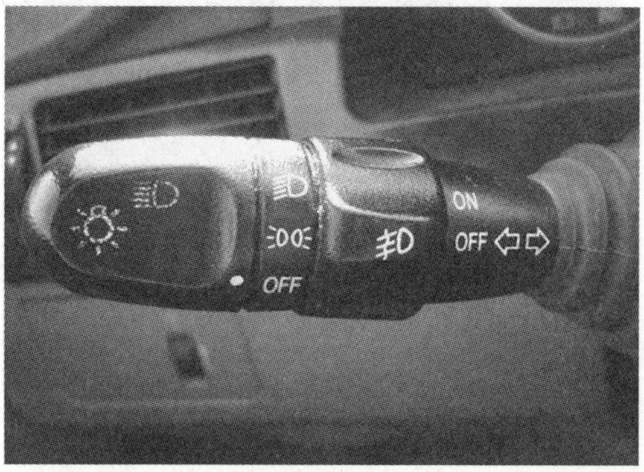

(2) 示宽灯开关开启(点火开关位于“ACC”或“ON”位置，转动控制杆头部旋钮，将白点位于图示位置)。

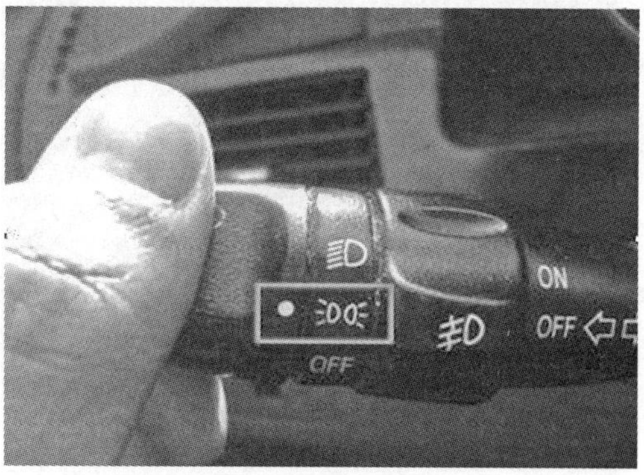

(3) 两个前示宽灯点亮。

(4) 左右两个后尾灯点亮。

（5）组合仪表上的仪表照明灯同时点亮。

2）前照灯（大灯）

前照灯（大灯）有两灯制和四灯制两种，轿车一般配置两灯制，装在汽车前面的左右两边。前照灯（大灯）主要用于夜间行驶时照明。由于城市路面大多有路灯照明，不需要强度很强的灯光，只需看清路面即可，所以在城市里应开启光束向下、发光强度不是很强的近光灯，并防止将灯光直射到对方来车的驾驶人。在公路、山区等处行驶时，由于外面黑暗，不仅需看清几百米远的路面，还要看清前方道路两边的情况，所以就要使用光束向前且发光强度很强的远光灯。交会车时务必及时关闭远光灯而使用近光灯，以免对面来车产生炫目。

当点火开关置“ON”挡时，可开启前照灯（大灯），大灯开启时，小灯也同时亮起。

（1）前照灯（近光灯）开关开启。

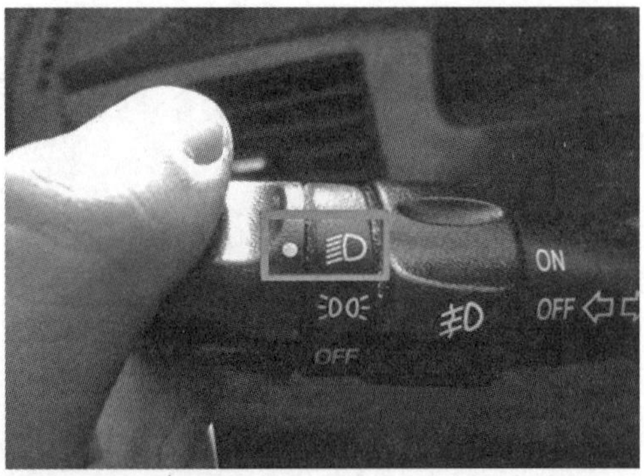

（2）前照灯（近光灯）点亮。

3）远光灯

（1）近光灯开启状态下，将灯光控制杆向前推，即开启远光灯。

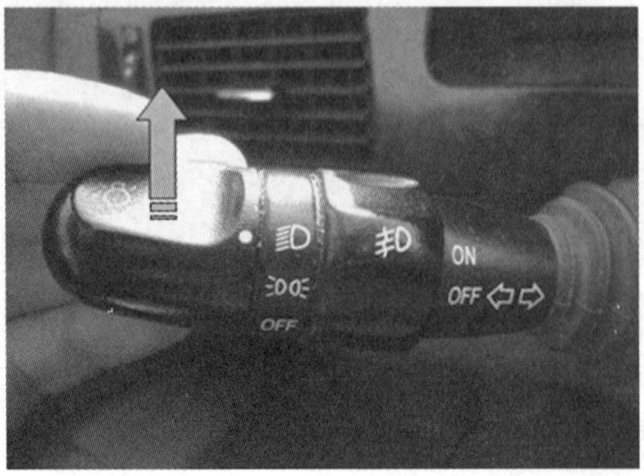

（2）前照灯的远光灯点亮。

(3) 远光灯开启时，组合仪表上指示灯亮起。

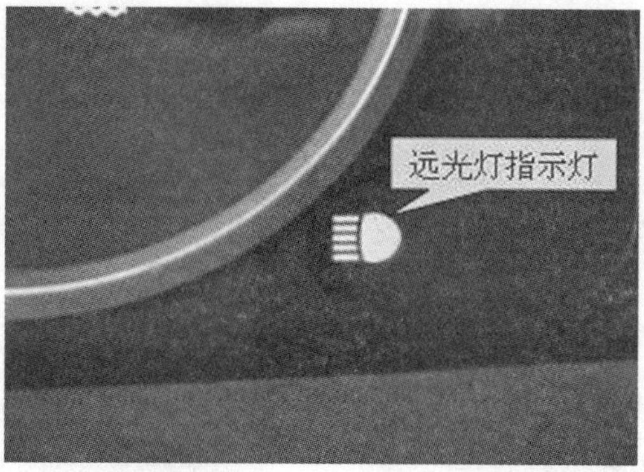

4) 转向灯

转向灯是在车辆转向时，给其他车辆以及路人以转向信号，提醒他人注意。

(1) 将灯光控制杆向上或向下拨动，分别是对应开启右转向灯和左转向灯。

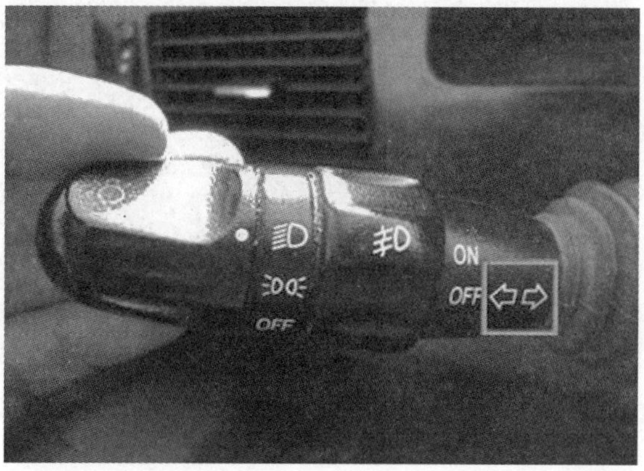

(2) 转向灯亮起。

(3) 左转时左前转向灯闪烁。

(4) 左转时左后转向灯闪烁。

(5) 右转时右前转向灯闪烁。

(6) 右转时右后转向灯闪烁。

(7) 左转时组合仪表上的左转指示灯闪烁。

(8) 右转时组合仪表上的右转指示灯闪烁。

5) 雾灯

雾灯在大雾天气中使用，由于雾灯的穿透力更强，因此，更容易让其他车辆和行人引起注意。远光灯在雾天易散射，穿透力差，因此，雾天不宜用远光灯代替雾灯。

(1) 前雾灯开关开启(先将小灯开启，再将开关旋至图示“ON”位置)。

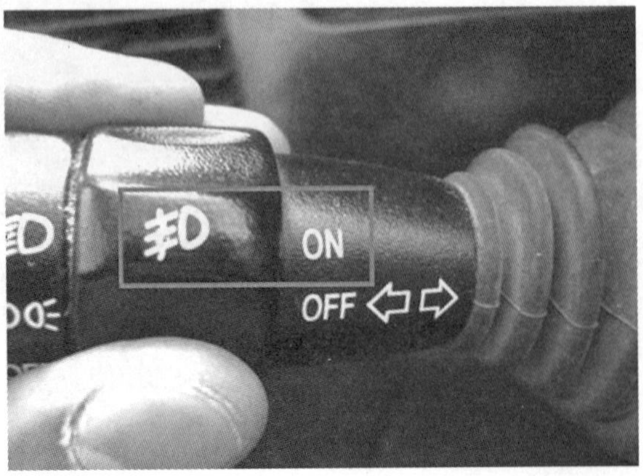

(2) 前雾灯点亮(左右各一个)。

（3）后雾灯开关（向前转动一下开启，再转一下关闭，前雾灯须先打开）。

（4）后雾灯点亮（只有左后侧一个）。

（5）组合仪表上前、后雾灯指示灯。

6）危险警告灯

危险警告灯也叫做“双闪灯”、“双跳灯”，该灯开启时所有转向灯同时闪烁，用来提醒其他车辆以及行人，本车发生了特殊紧急情况。另外，雾天行驶不宜开启危险警告灯，因为车辆会因此而失去转向灯功能。

（1）按下危险警告灯开关即开启，再按关闭。

（2）开启时左右转向灯同时闪烁。

7）刮水器

配置较低的别克凯越汽车没有装备自动感应刮水器，仍采用传统的手动控制刮水器，需要驾驶人根据雨量的大小来选择相应的挡位。

（1）将刮水器控制杆向上抬起，刮水器工作。OFF（关闭），INT（间歇，上下转动箍圈选择间歇时间），LO（低速），HI（高速）。

（2）凯越刮水器外观。原装的是有骨雨刮片，在更换时可拆卸。

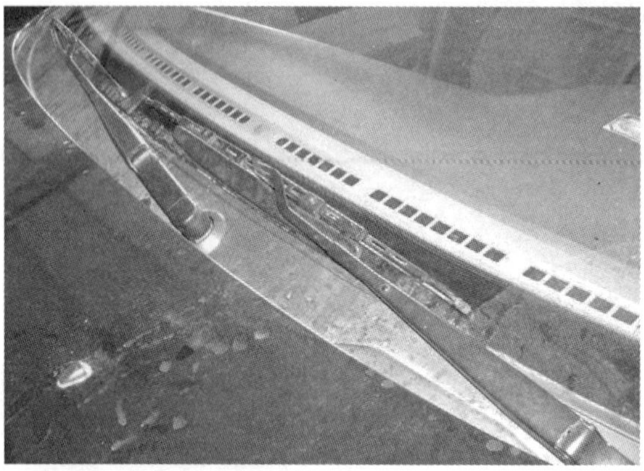

（3）开关处在 INT（间歇挡）。

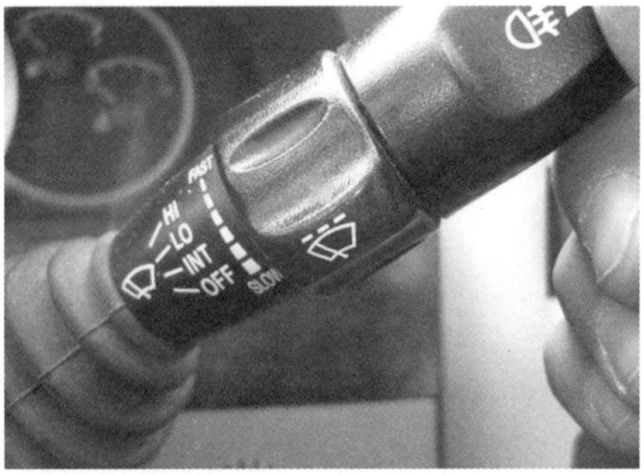

（4）转动箍圈选择间歇时间。

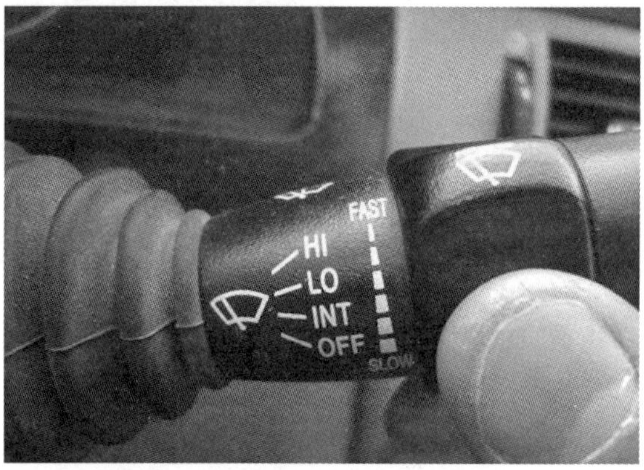

（5）开关处在 LO（低速）挡。

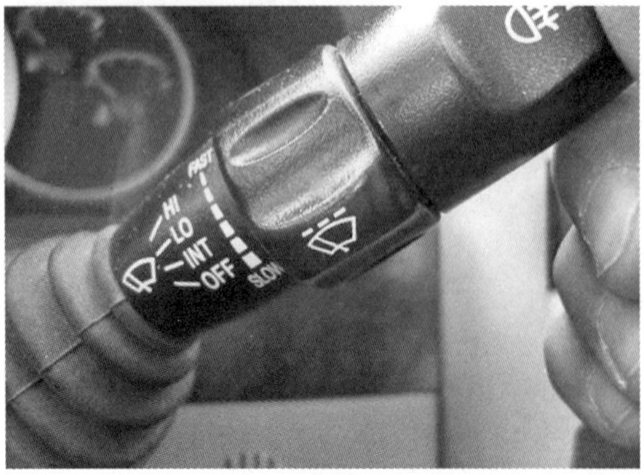

（6）开关处在 HI（高速）挡。

8）天窗

在配置较高的别克凯越汽车上配备有天窗，天窗的开启方式主要有向上开启和向后开启两种。天窗的开启可以加快车内外空气的循环，从而可以为驾乘人员提供质量较高的新鲜空气以及温暖的阳光。天窗的控制按钮一般位于驾驶人头部的右上方。

（1）按下该按钮，天窗向上开启。

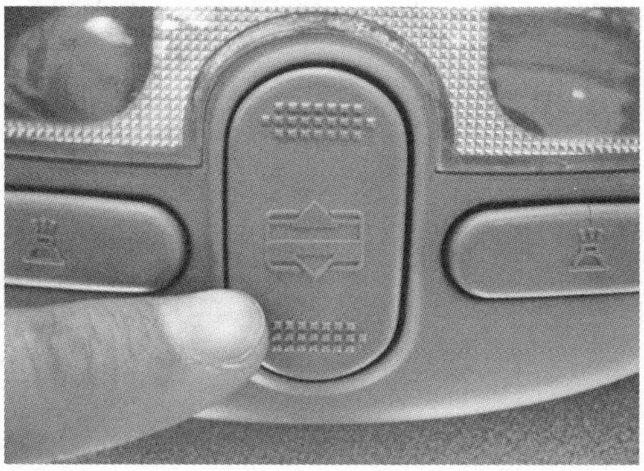

（2）天窗向上开启时的状态。

（3）按下该按钮，天窗向后开启。

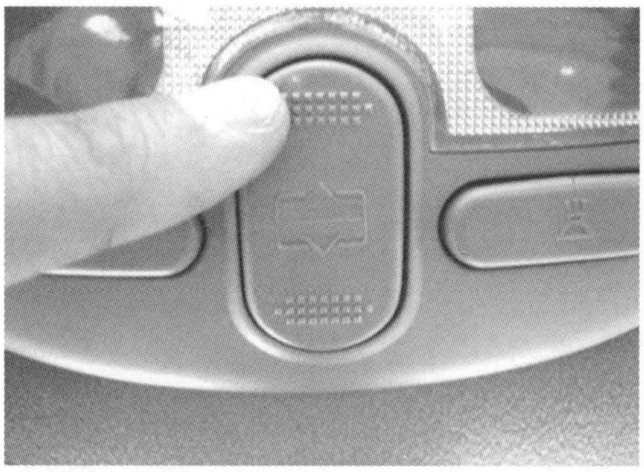

（4）天窗向后开启时的状态。

9）喇叭

汽车上喇叭的操作方法比较简单，只需直接按转向盘上的喇叭按钮即可。但需注意鸣喇叭的时机，在一些禁止鸣笛的城市道路上不可以鸣喇叭；在其他路面行驶时，鸣喇叭的时机也至关重要，鸣喇叭的原则是及时、准确；在一些人流量较大的路面行驶时，禁止用喇叭开道，以免引起行人恐慌。

（1）转向盘左侧喇叭按钮。

（2）转向盘右侧喇叭按钮。

4. 空调的使用

空调是对车厢内空气进行制冷、加热、换气和空气净化的装置。它可以为驾乘人员提供舒适的乘车环境，降低驾驶人的疲劳强度，提高行车安全。

（1）凯越车手动空调操作面板。

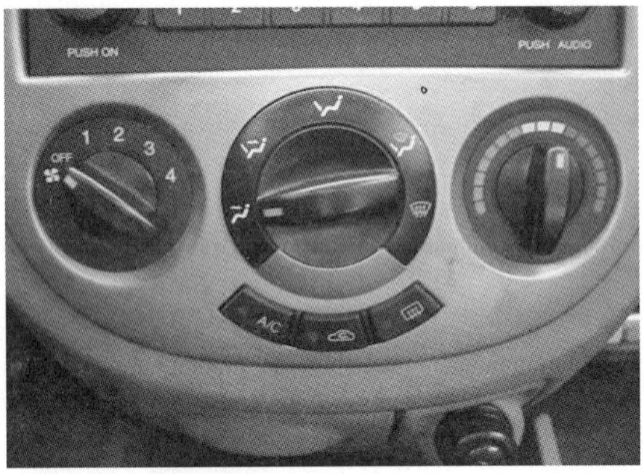

（2）空调出风口共 4 个，下图为左侧出风口。

（3）右侧出风口。

（4）中控面板上方的两个中央出风口。

（5）出风量大小调节（上下转动滚轮）。

（6）出风方向调节（上下左右推动旋钮）。

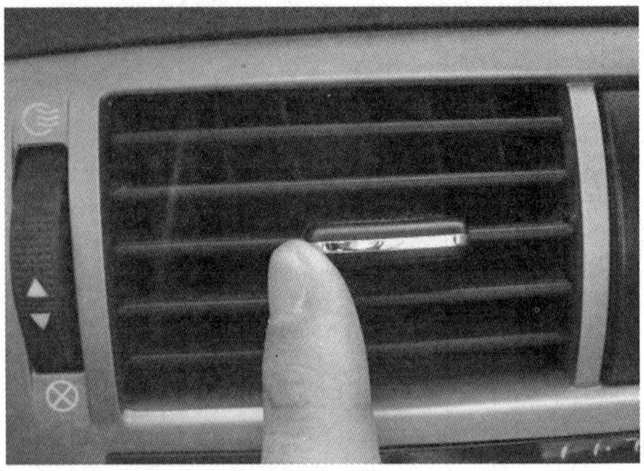

(7) 风扇控制旋钮。“OFF”关闭,“1”出风量最小,“2”、“3”其次,“4”出风量最大。

(8) 风量分配模式旋钮。按顺时针方向分别是:前、双向、地板、地板/除霜、除霜。

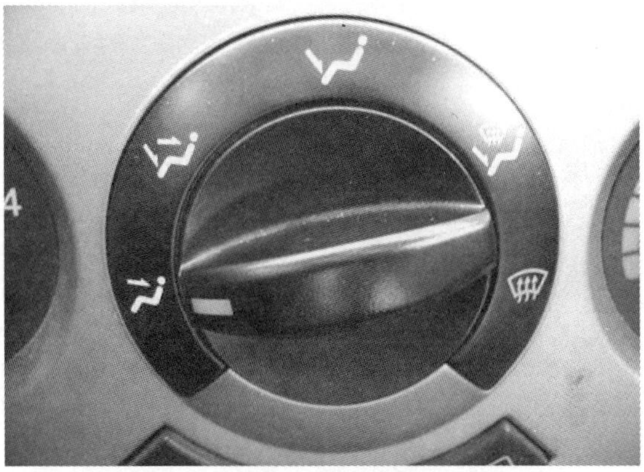

(9) 温度控制旋钮。红色(右)表示暖风,蓝色(左)表示冷风,白色(中)表示自然风。

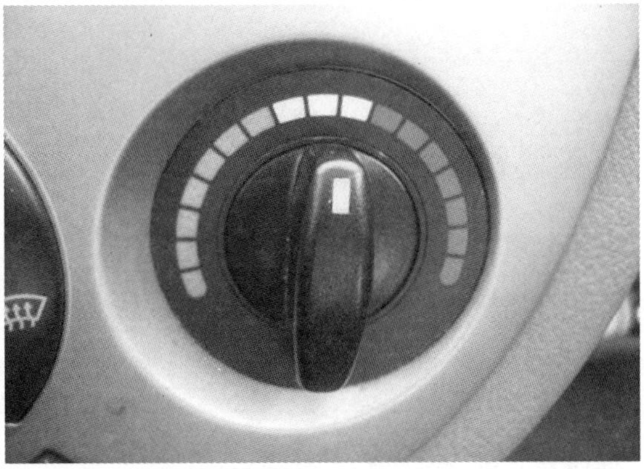

(10) 空调(A/C)按钮、内循环按钮、后窗玻璃除霜按钮(从左至右)。

(11) 空调(A/C)按钮操作示意。

(12) 内循环按钮操作示意。

（13）风扇控制操作示意。

（14）风量分配操作示意。

（15）温度控制操作示意。

（16）空调开启时的状态（风扇 1 挡、向前模式、冷风、内循环）。

（17）前风挡玻璃除雾的操作（当空调开启的状态下，将风量分配模式选择“除霜”）。

注意：冷风和热风都可除霜。

5. 电动门窗及中控门锁的操作使用

（1）凯越电动门窗及中控门锁面板（位于驾驶人侧）。

（2）按下或抬起不同的开关来控制相应门窗的开闭。

（3）电动车窗锁定按钮（驾驶人侧）。

（4）按下电动车窗锁定按钮后，右前、左后、右后车窗的独立开关按钮失效，只能用主开关控制。

（5）车门锁定开关。按下车门锁定开关左侧，所有车门均上锁（驾驶人侧）。

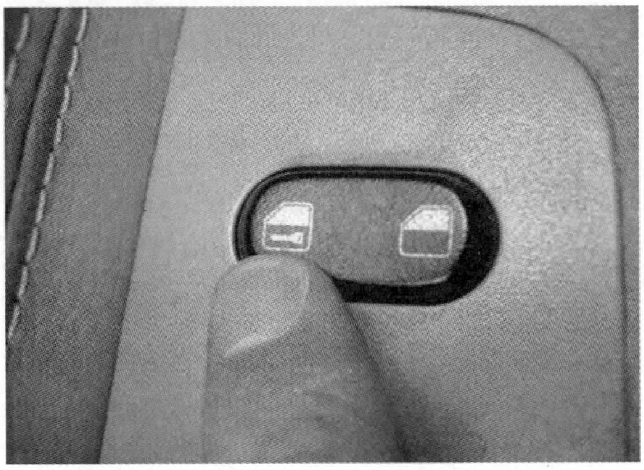

（6）按下车门锁定开关右侧，所有车门均开锁。

（7）车门锁按钮，按下车门锁按钮，所有车门锁定。

（8）拔起车门锁按钮，所有车门开启。

6. 发动机罩和后备箱罩开启

（1）发动机罩开启拉手位于驾驶室下方。

（2）发动机罩开启状态。

（3）位于左前门上的后备箱罩开启按钮。

（4）后备箱罩开启状态。

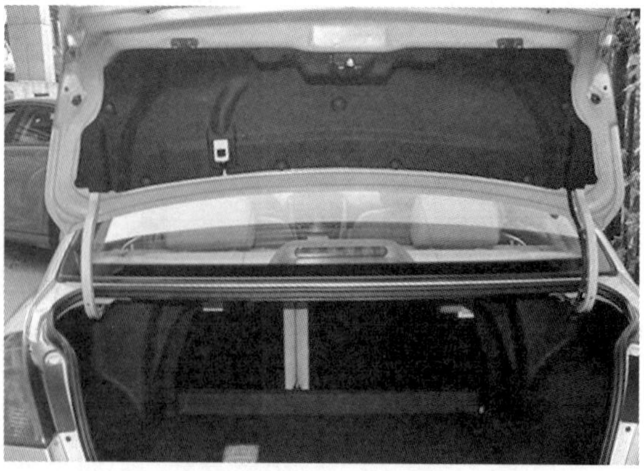

7. 开关车门

(1) 车内开门示意。

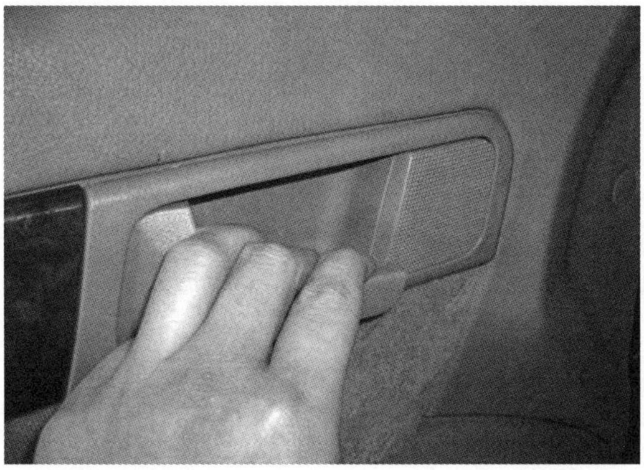

(2) 车外开门示意。

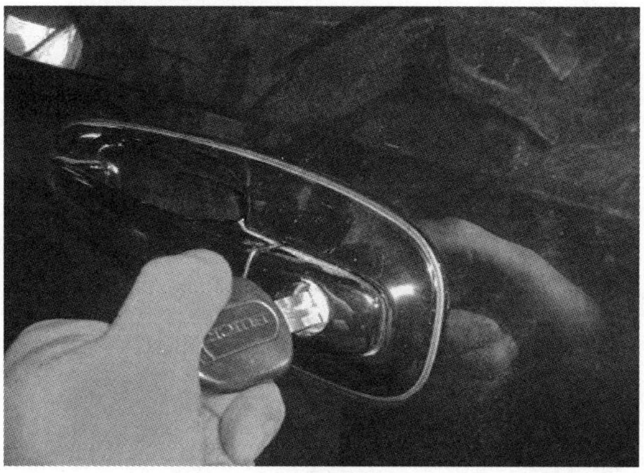

(五) 技术要点

1. 汽车在起动时务必先确认变速器是否处在空挡,在前进挡或倒车挡起动会导致汽车车身前后移动,从而引发事故。

2. 在非雾天行驶时不宜开启雾灯,会车时应立即关闭远光,否则二者均易引起来车炫目。

3. 空调开启后,应定期地进行内外循环替换,否则车厢内的空气质量将会下降。

二、工作页

实训车辆________________________________

1. 写出起动发动机的操作步骤。

序号	操作步骤	操作注意事项
1		
2		
3		
4		
5		

2. 起动后观察组合仪表上的水温表和发动机转速表。

发动机温度:　　　　℃

发动机转速:　　　　r/min

3. 写出发动机熄火的操作步骤。

序号	操作步骤	操作注意事项
1		
2		
3		
4		
5		

4. 写出打开示宽灯的操作步骤。

序号	操作步骤	操作注意事项
1		
2		
3		
4		
5		

5. 写出打开前照灯(近光、远光)的操作步骤。

序号	操作步骤	操作注意事项
1		
2		
3		
4		
5		

6. 写出打开雾灯的操作步骤。

序号	操作步骤	操作注意事项
1		
2		
3		
4		
5		

7. 写出打开左转向灯的操作步骤。

序号	操作步骤	操作注意事项
1		
2		
3		
4		
5		

8. 写出调整左、右后视镜的操作步骤(配置电动后视镜)。

序号	操作步骤	操作注意事项
1		
2		
3		
4		
5		

9. 写出调整座椅的操作步骤(配置电动座椅)。

序号	操作步骤	操作注意事项
1		
2		
3		
4		
5		

10. 写出打开天窗的操作步骤(配置电动车窗)。

序号	操作步骤	操作注意事项
1		
2		
3		
4		
5		

11. 写出空调制冷的操作步骤。

序号	操作步骤	操作注意事项
1		
2		
3		
4		
5		

12. 写出空调制热的操作步骤。

序号	操作步骤	操作注意事项
1		
2		
3		
4		
5		

13. 写出空调内循环的操作步骤。

序号	操作步骤	操作注意事项
1		
2		
3		
4		
5		

14. 写出刮水器的操作步骤。

序号	操作步骤	操作注意事项
1		
2		
3		
4		
5		

三、复习思考题

1. 根据实训中心的车辆，写出下列操作内容的操作条件。

（1）实训车辆 1 型号：____________________

序号	操作内容	点火开关位置（用“√”选择）	操作必备条件（首先应操作什么）
1	起动发动机	OFF　ACC ON　START	
2	发动机熄火（在使用空调）	OFF　ACC ON　START	
3	点亮示宽灯	OFF　ACC ON　START	
4	点亮前照灯（近光灯）	OFF　ACC ON　START	
5	点亮前照灯（远光灯）	OFF　ACC ON　START	
6	点亮双跳灯	OFF　ACC ON　START	
7	点亮左转向灯	OFF　ACC ON　START	
8	点亮右转向灯	OFF　ACC ON　START	
9	点亮雾灯	OFF　ACC ON　START	
10	点亮仪表照明灯	OFF　ACC ON　START	
11	打开空调（制冷）	OFF　ACC ON　START	
12	打开空调（制热）	OFF　ACC ON　START	
13	打开空调（内循环）	OFF　ACC ON　START	
14	调整电动后视镜	OFF　ACC ON　START	

（续表）

序号	操作内容	点火开关位置(用"√"选择)	操作必备条件(首先应操作什么)
15	调整电动座椅	OFF ACC ON START	
16		OFF ACC ON START	
17		OFF ACC ON START	
18		OFF ACC ON START	
19		OFF ACC ON START	
20		OFF ACC ON START	

（2）实训车辆 2 型号：____________________

序号	操作内容	点火开关位置(用"√"选择)	操作必备条件(首先应操作什么)
1	起动发动机	OFF ACC ON START	
2	发动机熄火(在使用空调)	OFF ACC ON START	
3	点亮示宽灯	OFF ACC ON START	
4	点亮前照灯(近光灯)	OFF ACC ON START	
5	点亮前照灯(远光灯)	OFF ACC ON START	
6	点亮双跳灯	OFF ACC ON START	
7	点亮左转向灯	OFF ACC ON START	
8	点亮右转向灯	OFF ACC ON START	
9	点亮雾灯	OFF ACC ON START	

(续表)

序号	操作内容	点火开关位置(用"√"选择)	操作必备条件(首先应操作什么)
10	点亮仪表照明灯	OFF ACC ON START	
11	打开空调(制冷)	OFF ACC ON START	
12	打开空调(制热)	OFF ACC ON START	
13	打开空调(内循环)	OFF ACC ON START	
14	调整电动后视镜	OFF ACC ON START	
15	调整电动座椅	OFF ACC ON START	
16		OFF ACC ON START	
17		OFF ACC ON START	
18		OFF ACC ON START	
19		OFF ACC ON START	
20		OFF ACC ON START	

2. 起动电控发动机,是否需要踩加速踏板?查阅资料说明理由。

3. 汽车熄火后,手动变速器的换挡杆应放在什么挡位?为什么?

4. 汽车熄火后，自动变速器的选挡杆应放在什么挡位？为什么？

5. 如何控制空调冷气的出风方向？

6. 如何正确操作，使开着空调的汽车熄火？

实训三　汽车常用维修工具的使用

姓名：__________　　班级：__________　　日期：__________

一、实训指导

（一）实训目标

1. 认识汽车常用维修工具；
2. 熟悉汽车常用维修工具的名称；
3. 掌握汽车常用维修工具的使用方法。

（二）安全要求及注意事项

1. 遵守实训场地的各项安全制度；
2. 不论有无机动车驾驶证，未经老师同意不得擅自起动或驾驶实训车辆；
3. 未经老师同意不得擅自动用实训中心的任何设备和工具；
4. 未经老师同意不得擅自动用实训车辆的任何开关；
5. 在老师的指导下，严格按照实训操作步骤操作；
6. 爱护实训设备及工具；
7. 保持实训场地的清洁。

（三）设备/工具/耗材要求

设备：无。
工具：汽车通用工具一套，汽车专用工具一套。
耗材：无。

（四）实训操作指导

一辆汽车是由数万个零件组装而成的，各个零件通过大量的紧固件相互连接，在从事汽车维护和修理作业时汽车修理工具是必不可少的。

在维修工作中，工具的正确使用对提高工作效率和汽车的维修质量有着重要的意义。因此，必须熟悉和掌握汽车修理常用工具的名称及其正确的使用方法。汽车修理常用工具一般分为通用工具和专用工具两大类。

1. 通用工具

通用工具有手锤、起子、钳子、扳手等。

1）手锤

手锤，由锤头和手柄组成。锤头质量有 0.25 kg、0.5 kg、0.75 kg、1 kg 等。锤头形状有圆头和方头。手柄用硬杂木制成，长一般为 320～350 mm。另外还有一种锤头为橡胶材料，称其为橡胶锤。

使用手锤应注意：

（1）手柄保持干净，防止使用时滑脱。

（2）经常检查锤头和手柄的安装情况，防止使用时锤头从手柄上飞出。

（3）使用手锤时前方尽量不要站人。

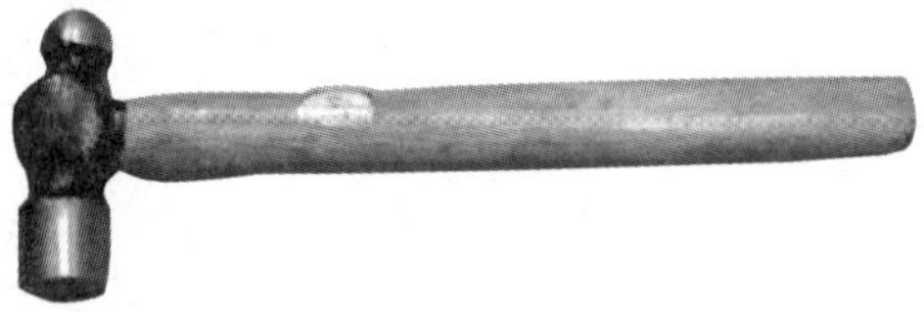

手锤

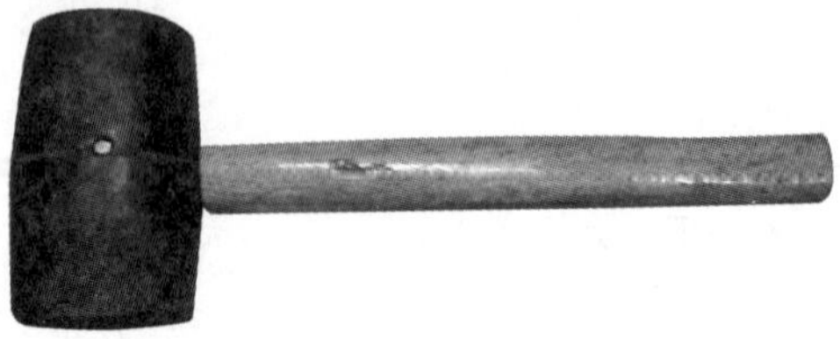

橡胶锤

2）起子

起子，又称螺丝刀，是用来拧紧或旋松带槽螺钉的工具。

按起子柄可分为木柄起子、塑柄起子、穿心起子；按起子端形状可分为十字起子和一字起子。

起子的规格（杆部长）有：50 mm、65 mm、75 mm、100 mm、125 mm、150 mm、200 mm、250 mm、300 mm和 350 mm 等几种。

使用起子注意事项：

（1）要求起子刃口端应平齐，并与螺钉槽的宽度一致。

（2）起子上无油污。

（3）使用时使起子口与螺钉槽完全吻合，手握手柄并向下用力，防止起子口与螺钉槽滑脱，损坏螺钉槽。

（4）拧转起子，顺时针拧紧，逆时针旋松。

木柄起子

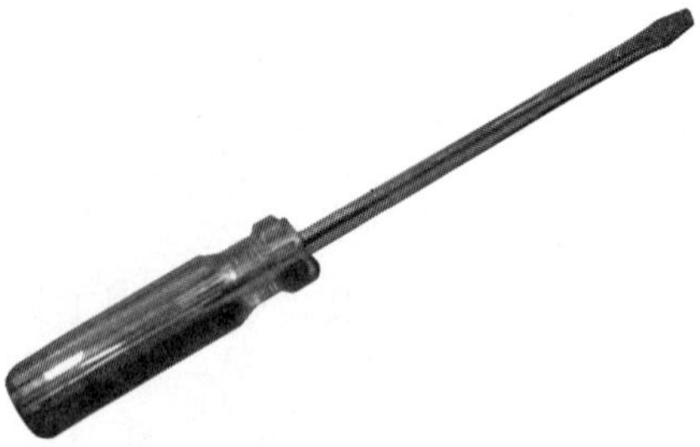

塑柄起子

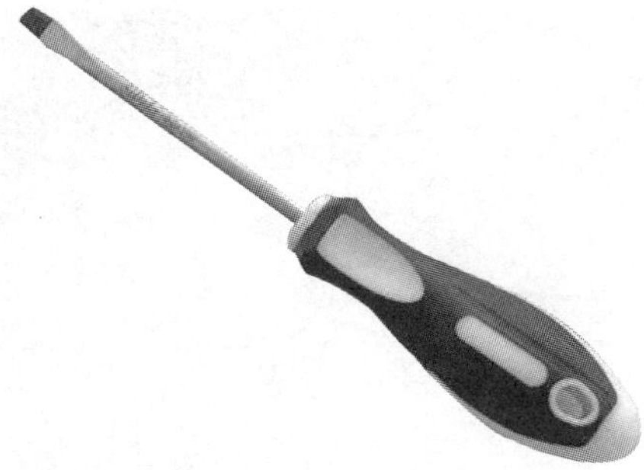

穿心起子

一字起子

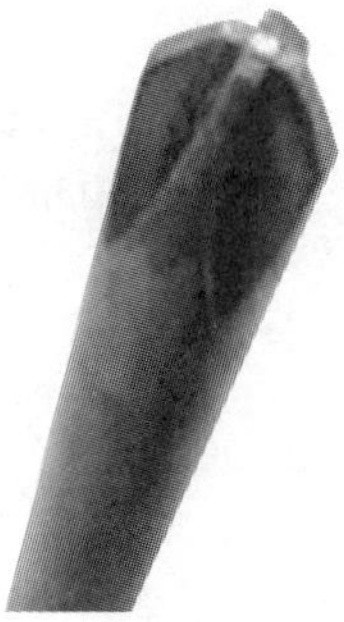

十字起子

3）钳子

钳子种类很多，汽车修理常用鲤鱼钳和尖嘴钳两种。

（1）鲤鱼钳：钳头的前部是平口细齿，适用于夹捏小零件，中部凹口粗长，用于夹持圆柱形零件，也可以代替扳手旋小螺栓、小螺母，钳口后部的刃口可剪切金属丝。

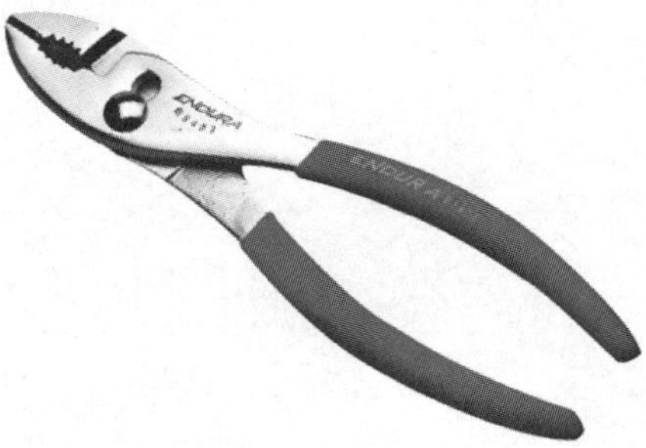

鲤鱼钳

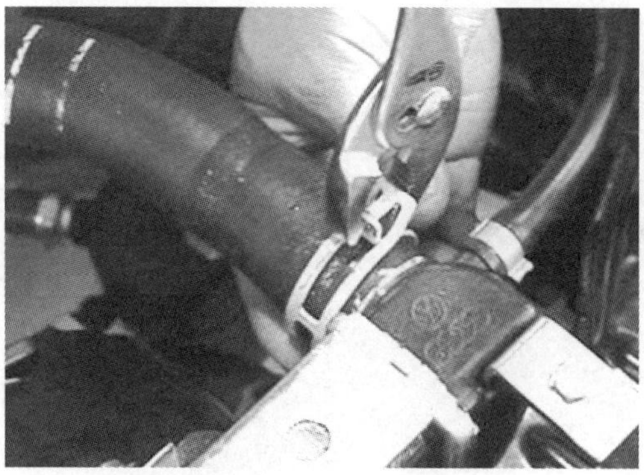

鲤鱼钳使用示意

（2）尖嘴钳：因其头部细长，可以在较小的空间工作，带刃口的能剪切细小零件，使用时不能用力太大，否则钳口头部会变形或断裂。

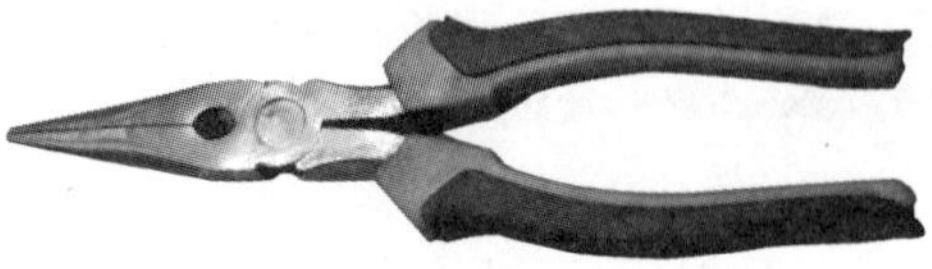

尖嘴钳

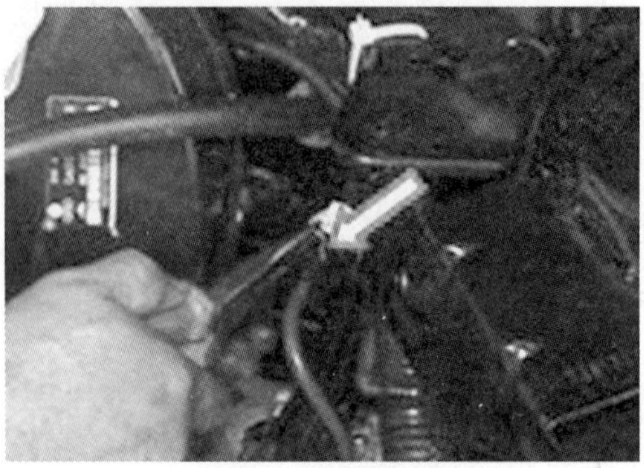

尖嘴钳使用示意

(3) 卡簧钳：因其头部呈圆、细、长，可以钳住较小的圆孔，能拆装卡簧。按钳的张开方向可分为轴用和孔用两种，按钳的形状可分为直嘴和弯嘴，使用时根据卡簧的形式选用对应的卡簧钳。

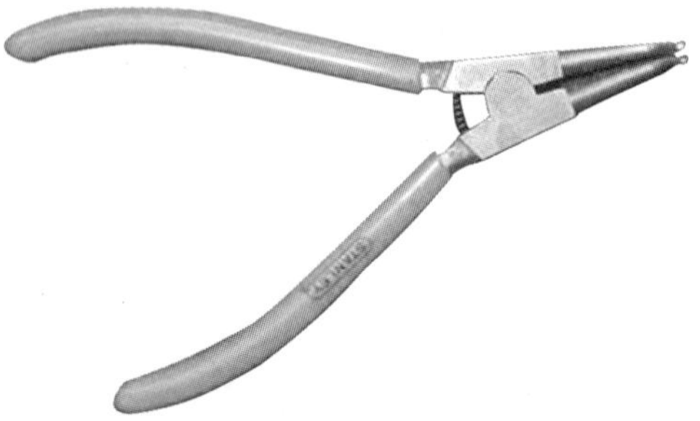

轴用卡簧钳(弯嘴)

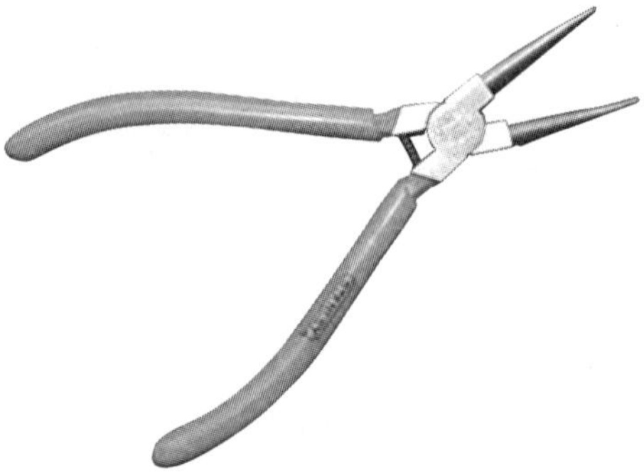

孔用卡簧钳(直嘴)

卡簧钳使用示意一

卡簧钳使用示意二

(4) 管子钳：管子钳的钳口是由碳钢锻造而成，有很高的刚度、强度和韧性。钳体采用球墨铸铁材质，夹持物体不易变形。特有上下咬合钳口设计，保证理想的夹持效果。用于夹持圆柱零件，如变速器的输入轴等。

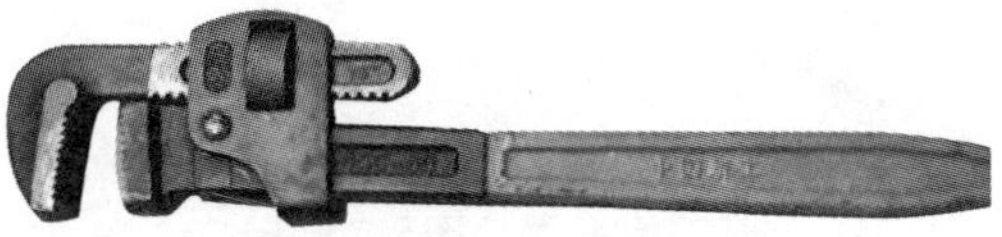

管子钳

管子钳使用示意

(5) 大力钳：主要用于夹持零件进行铆接、焊接、磨削等加工。大力钳的特点是钳口可以锁紧并产生很大的夹紧力，使被夹紧零件不会松脱，而且钳口有很多挡调节位置，供夹紧不同厚度零件使用。另外，大力钳也可作扳手使用。

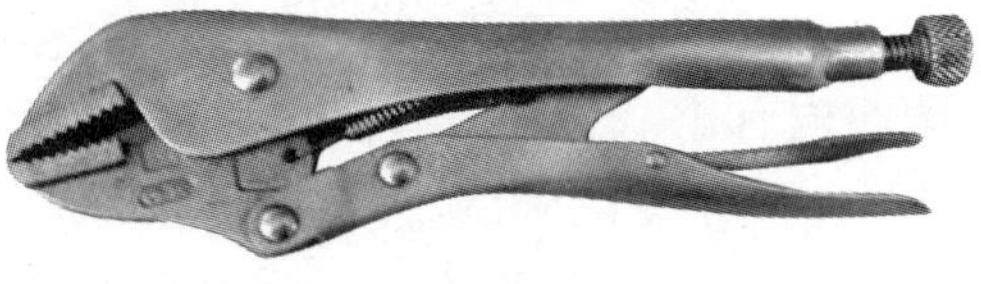

大力钳

大力钳夹紧示意

4) 扳手

用于拆装有棱角的螺栓和螺母。汽车修理常用的有开口扳手、梅花扳手、套筒扳手、活络扳手、扭力扳手和特种扳手。

使用扳手注意事项：

① 手柄保持干净，防止使用时滑脱。

② 能使用梅花扳手尽量使用梅花扳手，尽量不使用开口扳手，减少损坏螺栓螺母的可能。

③ 使用扳手用力前，首先要确保扳手与螺栓螺母牢靠接触，然后才能用力。

④ 使用扳手，一般顺时针拧紧，逆时针旋松。

⑤ 如不易旋松，可先略拧紧再旋松，如还不行，可先注入一些松锈剂，过一会再旋松。

(1) 开口扳手：适用于拆装一般标准规格的螺栓和螺母，以及空间较小无法使用梅花扳手时使用。

开口扳手上的数字表示开口宽度，常用的开口扳手宽度为 7～27 mm，有的扳手的两端是两个不同宽度的开口，有的一端是一个开口扳手，另一端是梅花扳手。开口扳手的组合件有 6 件、8 件和 10 件等。常用的尺寸有 7～9、8～10、9～11、12～14、14～17、13～15、17～19、19～22、24～27 等尺寸型号(扳手上的尺寸数字为开口宽度的毫米数)。

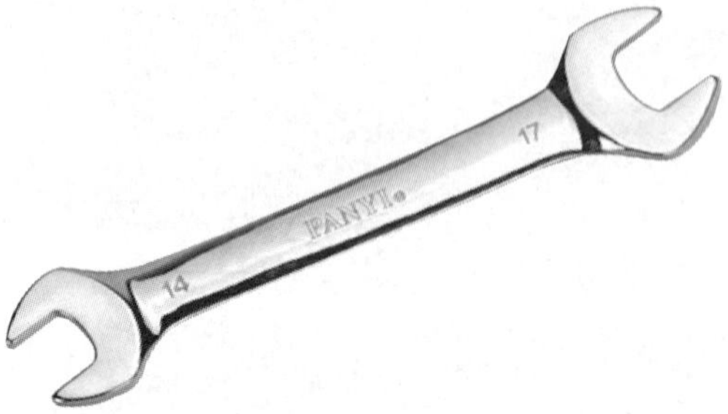

开口扳手(14～17 mm)

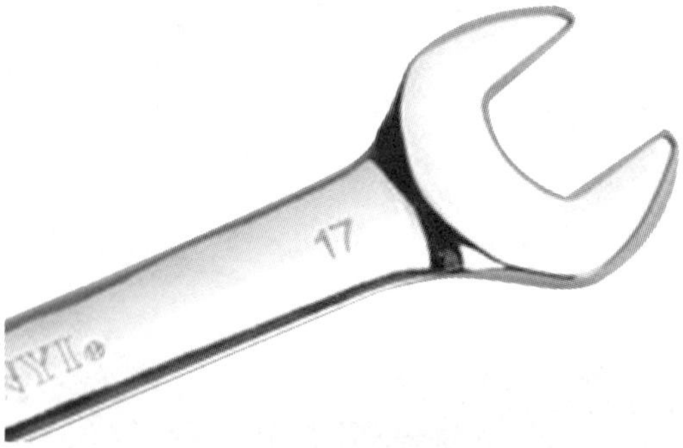

开口扳手局部图(17 mm)

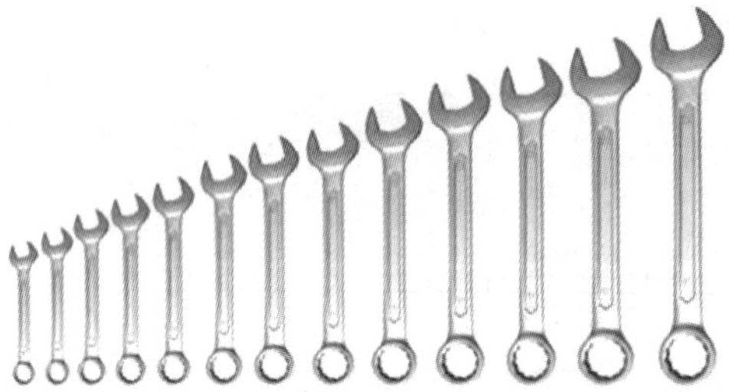

开口梅花两用扳手

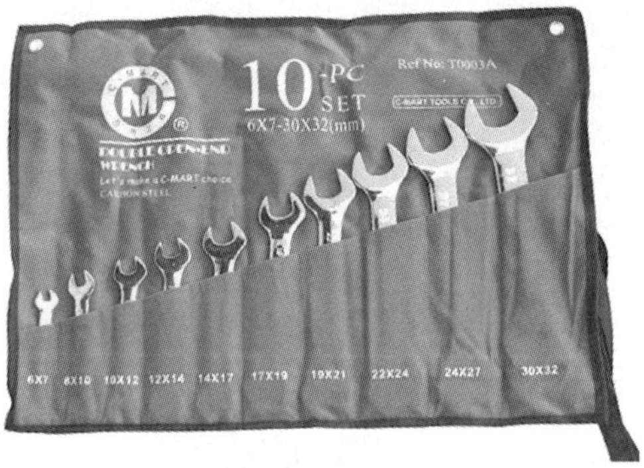

开口扳手组合件(10 件)

(2) 梅花扳手：适用于拆装螺栓或螺母。梅花扳手外圆而内有 12 个角，类似梅花，能将螺栓或螺母的头部可靠地接触套住，工作时不易滑脱。有些螺栓和螺母受空间条件的限制，梅花扳手尤为适用。

常用的梅花扳手规格为 5～27 mm。梅花扳手的组合件有 6 件、8 件和 10 件等。常用的梅花扳手尺寸有 7～9、8～10、9～11、12～14、14～17、13～15、17～19、19～24、24～27 等尺寸型号(扳手上的尺寸数字为开口宽度的毫米数)。

梅花扳手

梅花扳手局部图(17 mm)

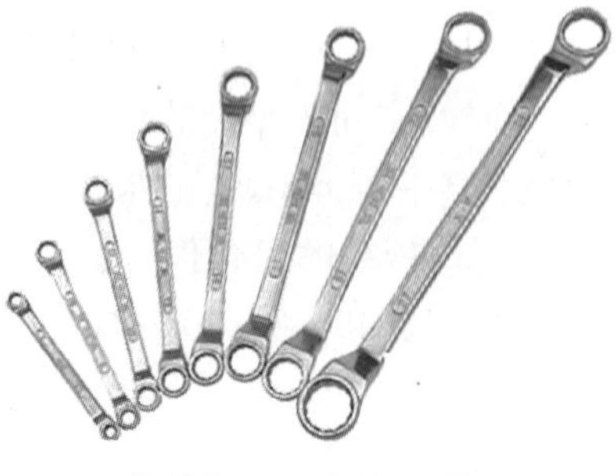

梅花扳手组合件(8 件)

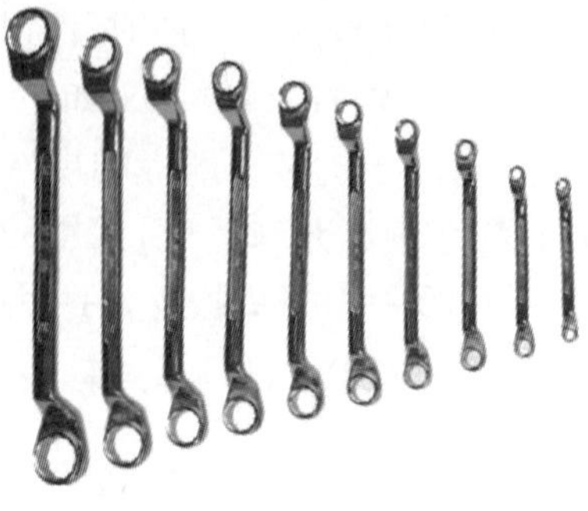

梅花扳手组合件(10 件)

(3) 套筒扳手：套筒内有内六角，所以使用套筒扳手，不但大大提高工作效率，而且安全可靠。

套筒扳手有两种，一种是T型套筒扳手，T型把手与套筒固定连接，拆装时用手旋转钉子把手，所以使用十分快捷方便，常用的T型套筒扳手规格有8 mm、10 mm、12 mm等；

另一种是扳手套筒，扳手有棘轮扳手和快速摇把手柄(一般用于拆装缸盖螺栓)，为了改变施力的大小和方向，套筒和扳手之间还可以连接"∟"型、"┃"型或万向接杆。根据拆装的螺栓、螺母规格，选择不同规格的套筒，根据使用的空间和需要，选择不同的扳手和接杆。

组合套筒有13件、17件、24件三种。常用套筒型号一般有8 mm、10 mm、12 mm、14 mm、17 mm、19 mm、22 mm、24 mm、28 mm、32 mm以及9 mm、11 mm、13 mm、15 mm等。

T型套筒扳手

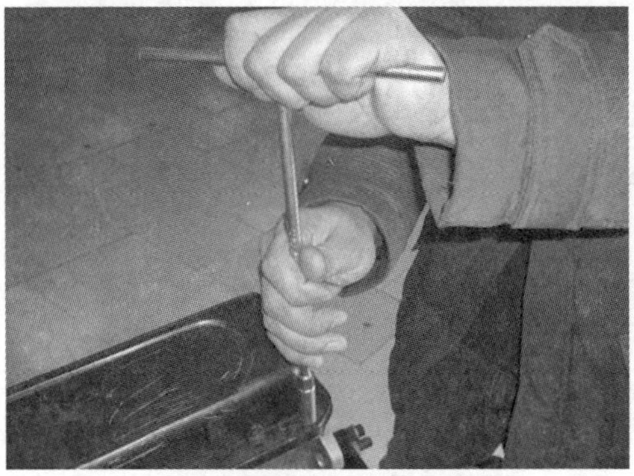

T型套筒扳手使用示意

扳手套筒(32 mm)

扳手套筒内部

棘轮扳手

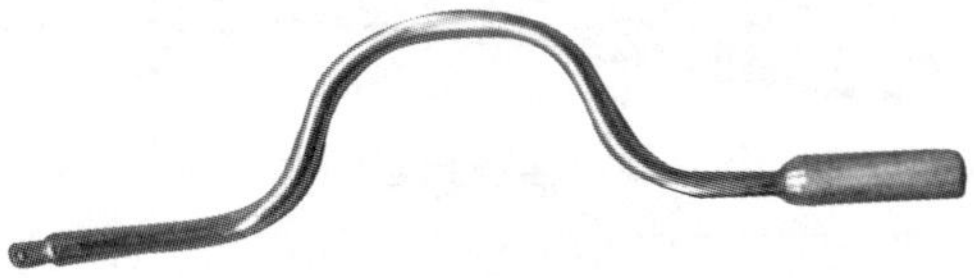

快速摇把手柄

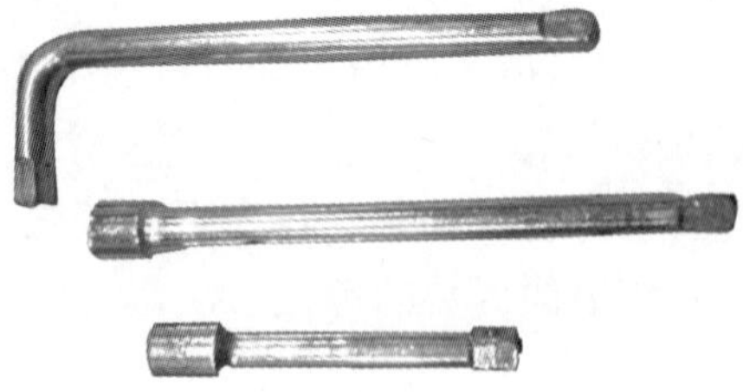

“∟”形和“|”形接杆

万向接杆

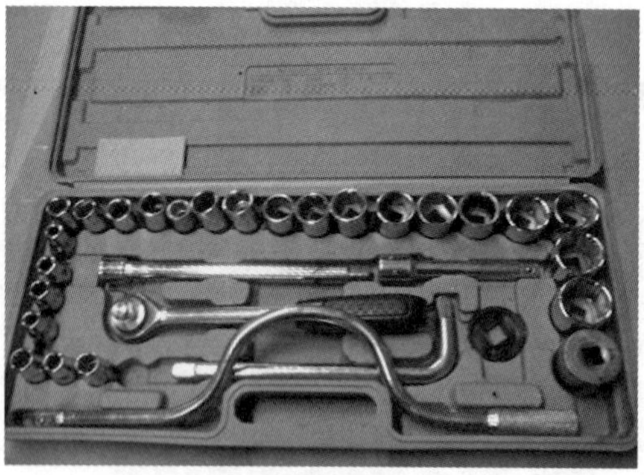

套筒扳手套件

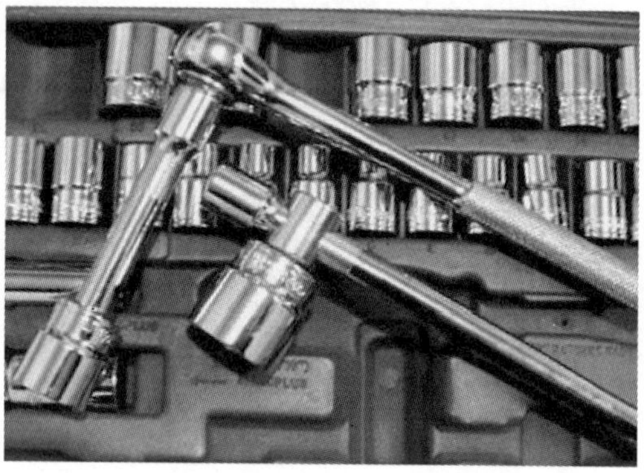

套筒和扳手及接杆的组装示意

(4) 活络扳手：活络扳手的开度可以自由调节，适用于拆装非标的螺栓或螺母。使用活络扳手时，一定要调整好开口的尺寸，使之与螺帽棱角配合紧密，小心使用，以防损坏螺栓棱角。常用的尺寸型号有 200 mm×24 mm、300 mm×36 mm 等规格(200、300 为扳手全长，24、36 为最大开口尺寸)。

扳手长度有 100 mm、150 mm、200 mm、250 mm、300 mm、375 mm、450 mm、600 mm 几种。

使用活络扳手时，扳手开口的固定端要在用力的一侧，活动端要在支持的一侧，否则容易损坏活络扳手。

活络扳手

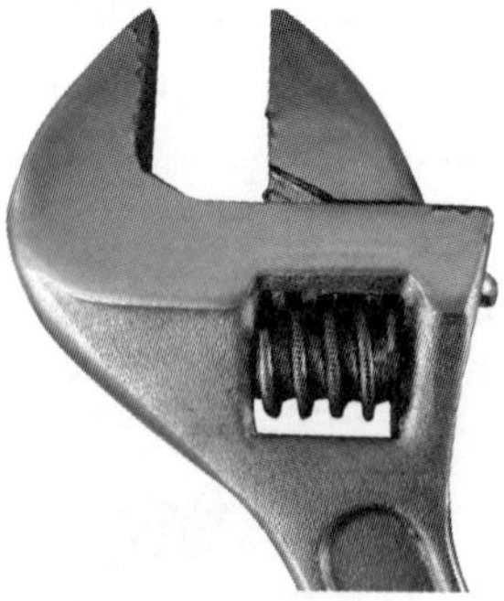

活络扳手头部

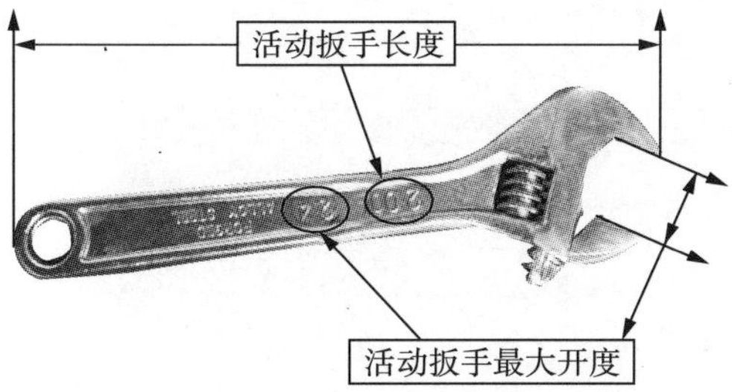

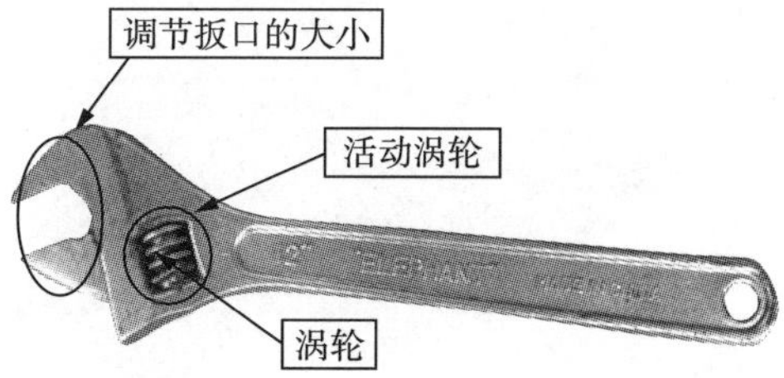

200 mm×24 mm 的活络扳手

活络扳手使用示意

(5) 扭力扳手：扭力扳手(也叫扭矩扳手)用于将规定的扭力施加于螺栓或螺母，过去主要用于气缸盖螺栓、曲轴轴承螺栓等的紧固。现在在汽车维护与维修中，为了规范汽车维修操作，使汽车使用性能恢复到出厂标准，汽车各系统的维护与维修操作中许多操作采用扭力扳手对螺栓或螺母施加原厂规定的力矩。

使用扭力扳手首先应根据需被拧紧的螺栓或螺母规格选择相应规格的套筒。扭力扳手有两种：一种是指针式，操作时应注意观察刻度盘上指针指示的力矩值，最大使用扭矩 300 N·m；另一种是可调扭力式，预先将旋把旋到规定的扭矩，使用拧紧螺栓或螺母时听到“嘎嗒”报警声，此后相当于呆扳手，如再用力会出现过力现象。

上述两种均为手动扭力扳手，除此之外还有电动扭力扳手和气动扭力扳手等。

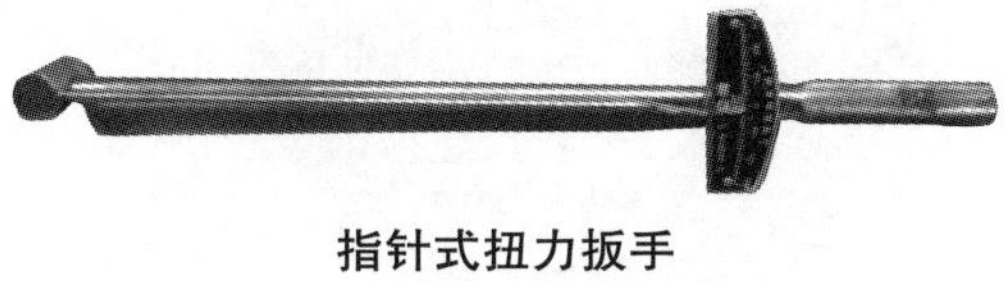

指针式扭力扳手

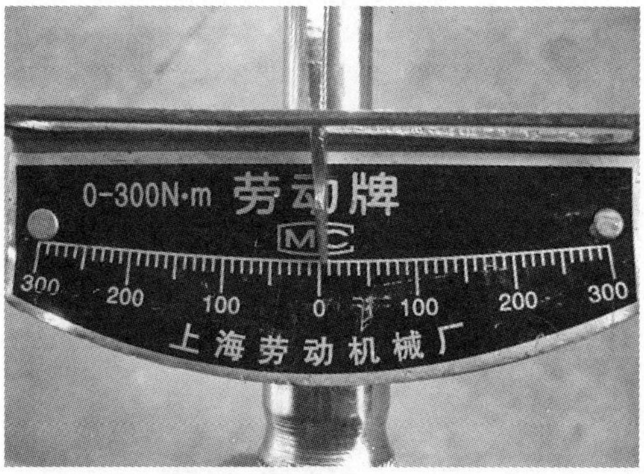

指针式扭力扳手的刻度盘

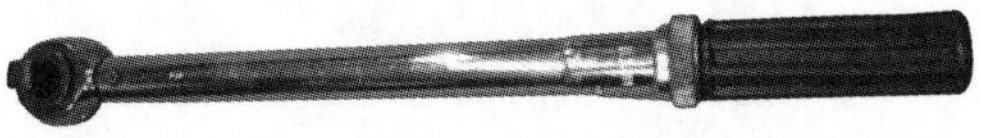

可调扭力式扭力扳手

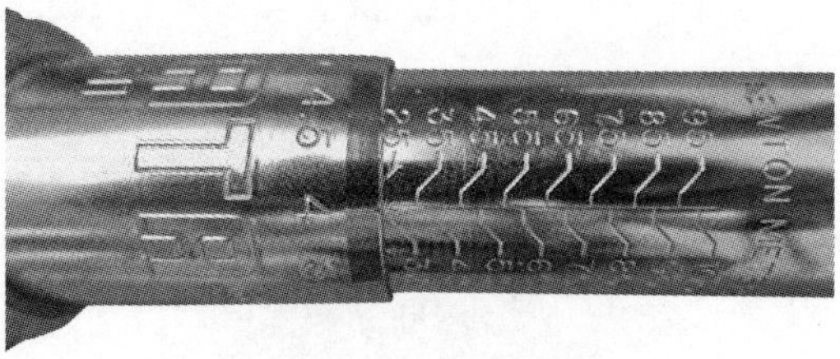

可调扭力式扭力扳手(局部)

(6) 内六角扳手：内六角扳手主要用于拆装内六角螺栓或螺塞，使用时应注意选择合适尺寸的内六角扳手。内六角扳手规格以六角形对边尺寸 S(mm) 表示，常用 1.5～10 mm 等尺寸。

汽车维修操作中用成套内六角扳手，可供拆装 M4～M30 的内六角螺栓。

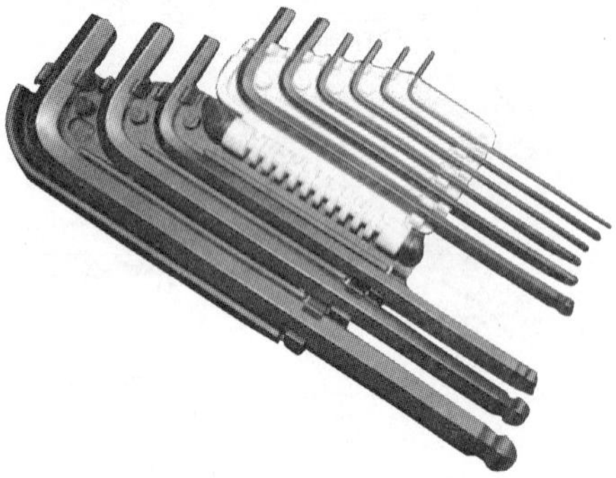

内六角扳手套件

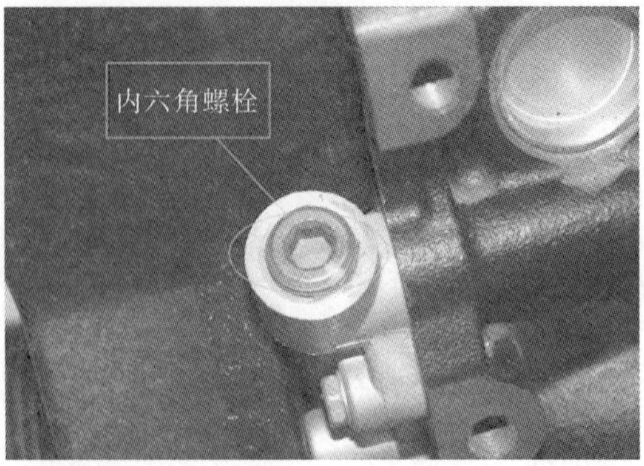

内六角螺栓

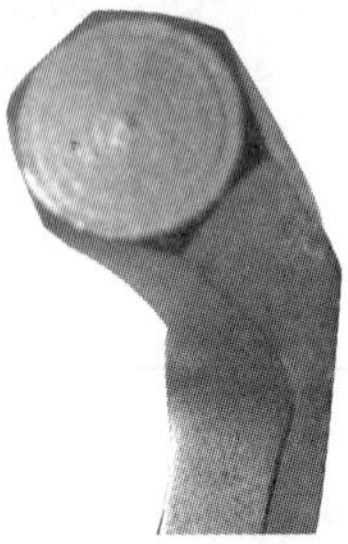

六角扳手头部

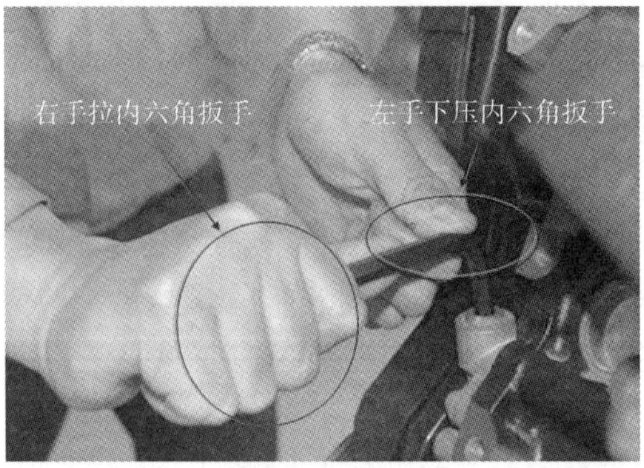

内六角扳手使用示意

（7）特种扳手：主要有机滤扳手和其他专用扳手等。机滤扳手主要用于拆装机油滤清器，常见的机滤扳手有以下几种。

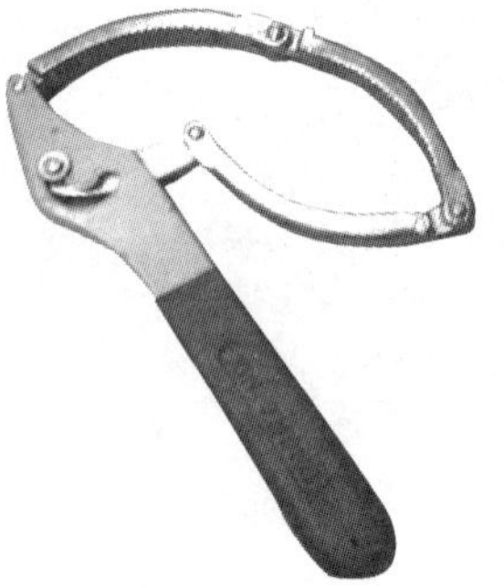

可调式机滤扳手

碗式机滤扳手

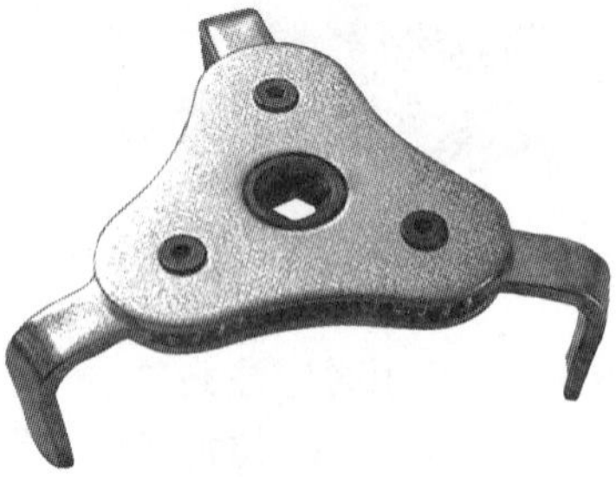

扁三爪式机滤扳手

圆三爪式机滤扳手

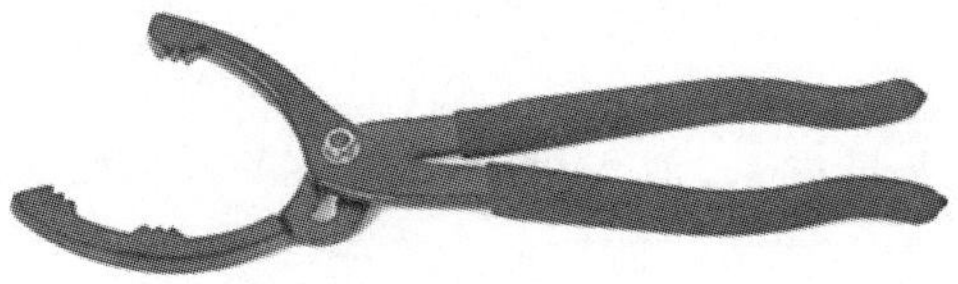

钳式机滤扳手

碗式机滤扳手使用示意

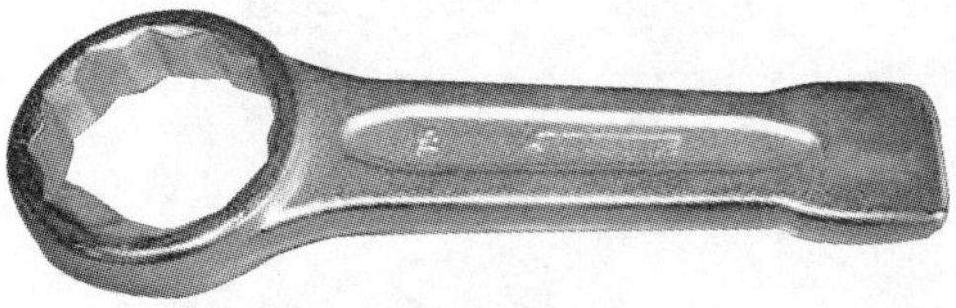

敲击梅花扳手

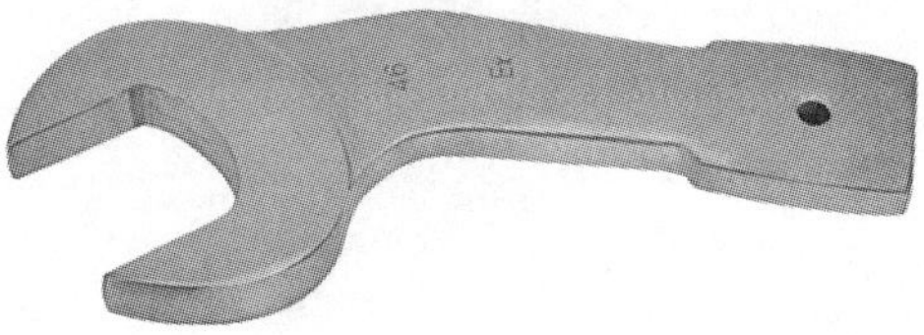

特种开口扳手

2. 专用工具

汽车修理常用的专用工具有火花塞套筒、活塞环装卸钳和夹具、气门弹簧装卸夹具、黄油枪、千斤项等。

1）火花塞套筒

火花塞套筒用于拆装发动机火花塞。火花塞套筒有 3 种，内六角对边尺寸为 17 mm、22 mm、26 mm 的火花塞套筒分别用于拆装规格为 10 mm、14 mm 和 18 mm 的火花塞。

火花塞套筒

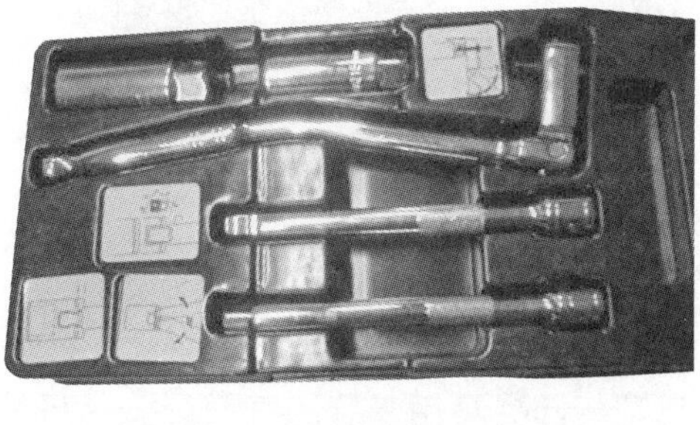

火花塞套筒组件

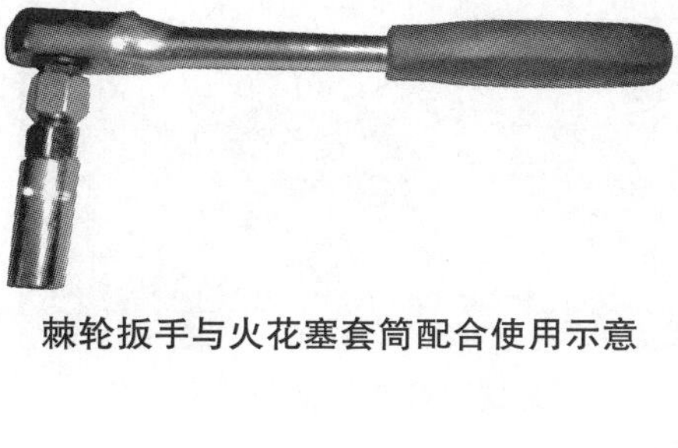

棘轮扳手与火花塞套筒配合使用示意

火花塞套筒实车使用示意

2）活塞环装卸钳和活塞环夹具

活塞环装卸钳用于装卸发动机活塞环，避免活塞环受力不均匀而折断。

使用活塞环装卸钳时，将活塞环装卸钳卡住活塞环开口，轻握手柄，慢慢收缩，活塞环就慢慢张开，将活塞环装入或拆出活塞环槽。

使用活塞环夹具时，先将所有活塞环和活塞头部全部用夹具夹紧，放入气缸后用锤子木柄轻轻敲击活塞底部，使所有活塞环与活塞头部整体压入气缸。

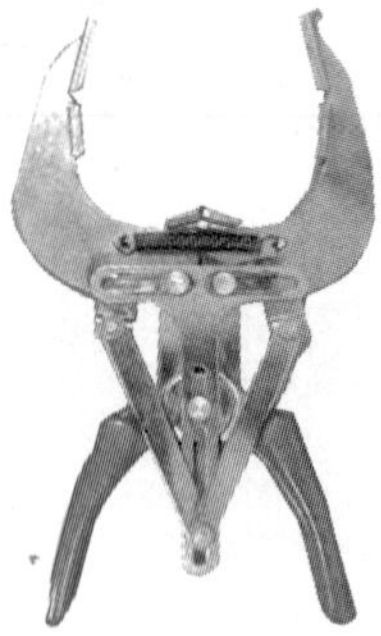

活塞环装卸钳

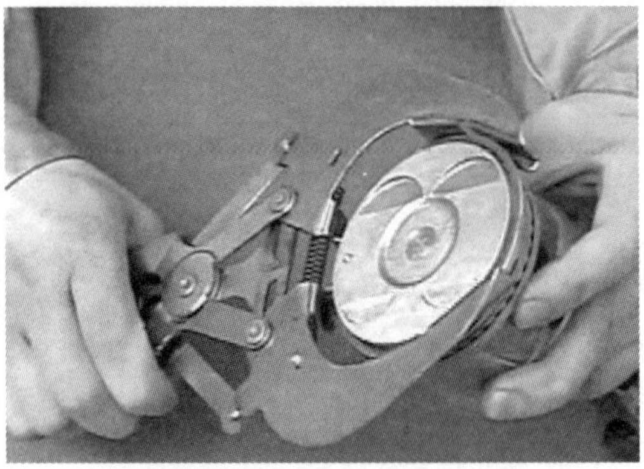

活塞环装卸钳使用示意

活塞环夹具

活塞环夹具使用示意

3）气门弹簧装卸夹具

气门弹簧装卸夹具用于装卸气门弹簧。拆卸气门弹簧时，将钳口收缩到最小位置，取下气门弹簧锁片，然后旋松手柄，取出气门弹簧；安装气门弹簧时，旋紧手柄，安装好气门弹簧锁片后，反方向旋松气门弹簧装卸手柄，取出夹具。

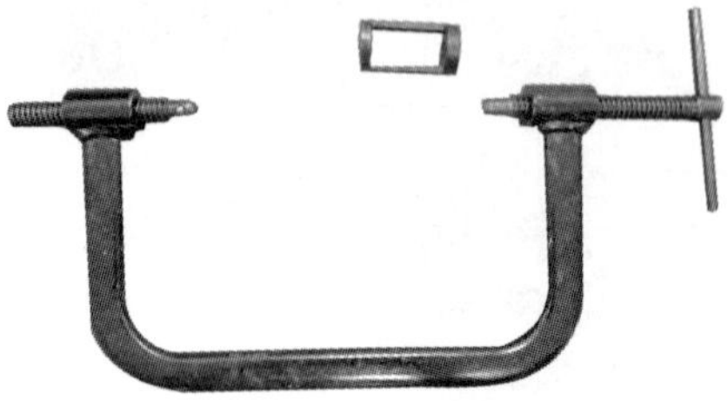

气门弹簧装卸夹具

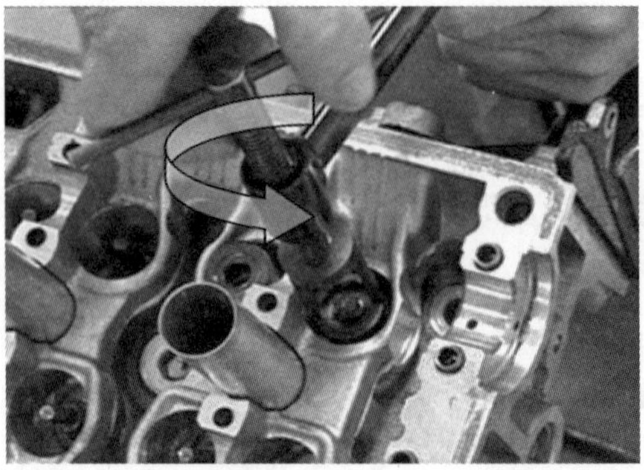

气门弹簧装卸夹具使用示意

4）机油枪

机油枪用于各润滑点加注润滑油，使用机油枪时，应对正油嘴，不得歪斜。若不进油，应停止注油，检查油嘴是否堵塞。

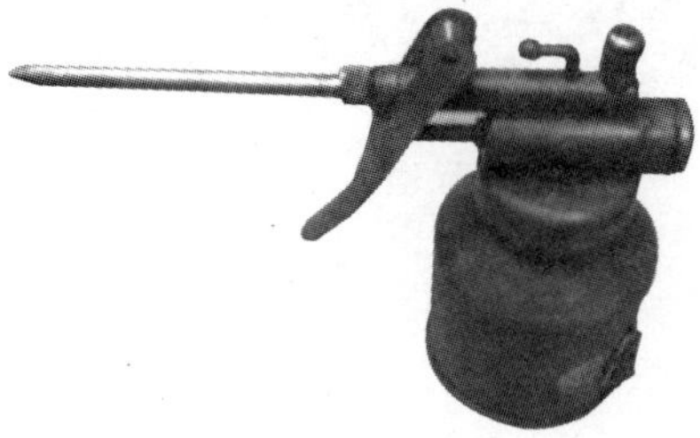

机油枪

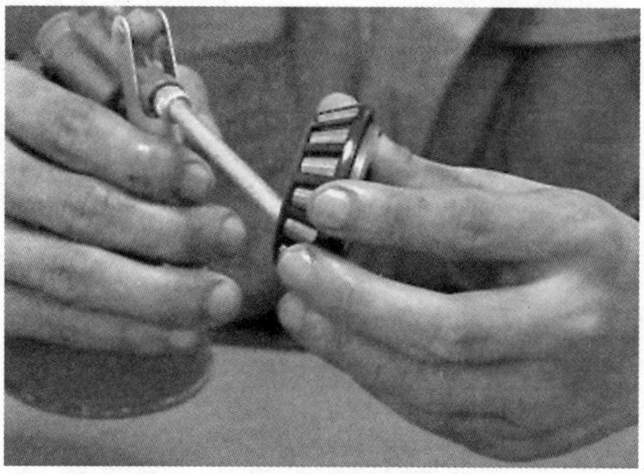

机油枪使用示意

5）千斤顶

千斤顶有螺旋千斤顶、液压千斤顶和卧式千斤顶。

螺旋千斤顶是随车配置的工具，用于在行驶途中更换轮胎时。

液压千斤顶用于在汽车修理厂顶起汽车一端或重物。

卧式千斤顶用于在汽车修理厂或外出抢急时举升汽车头部或尾部。

使用卧式千斤顶时，先把开关拧紧，放好千斤顶，将千斤顶顶块对正被顶部位，压动手柄，就能将重物顶起。放落千斤顶时，将开关慢慢旋开，千斤顶顶块就会逐渐下降。

使用卧式千斤顶前，应用三角木垫在汽车的车轮的前后，防止溜车。在松软路面上使用时，应在卧式千斤顶轮下加垫木；举升时，卧式千斤顶应与重物垂直对正；卧式千斤顶未支撑牢靠或回落时，禁止在车下工作。

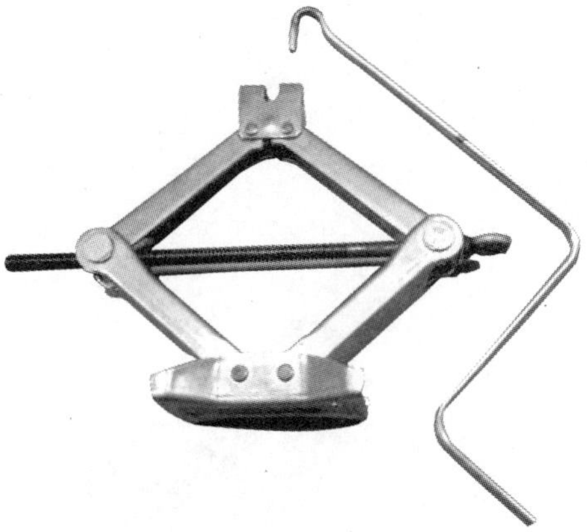

螺旋千斤顶

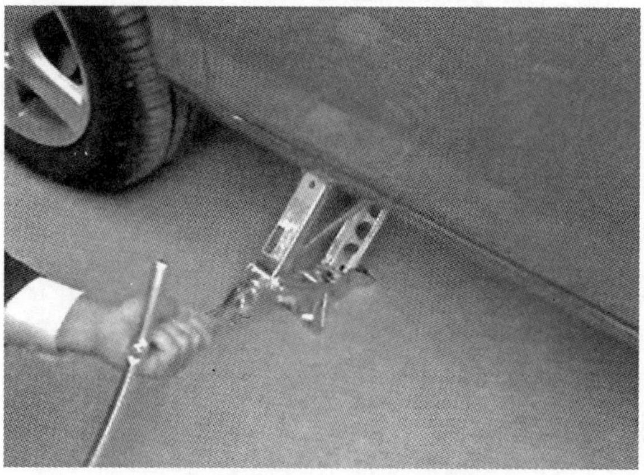

螺旋千斤顶使用示意

液压千斤顶

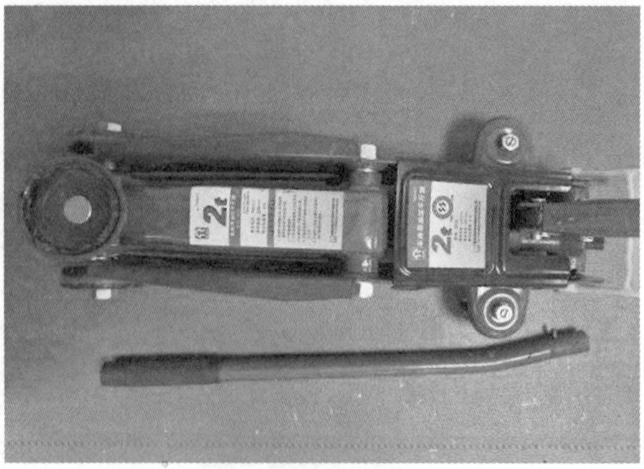

卧式千斤顶

二、工作页

1. 认识各种汽车维修工具,写出各种工具的名称。

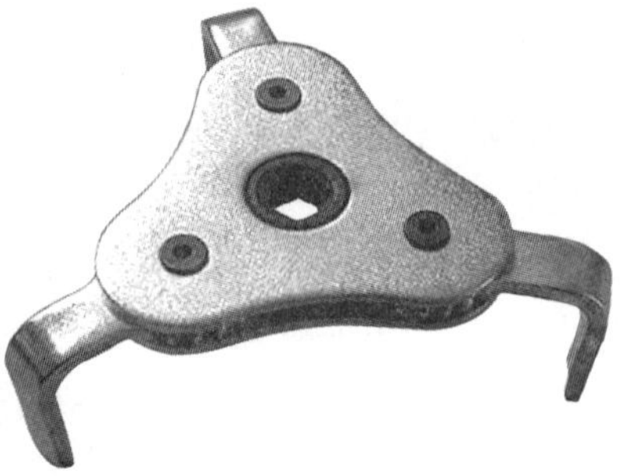

(1) ______________

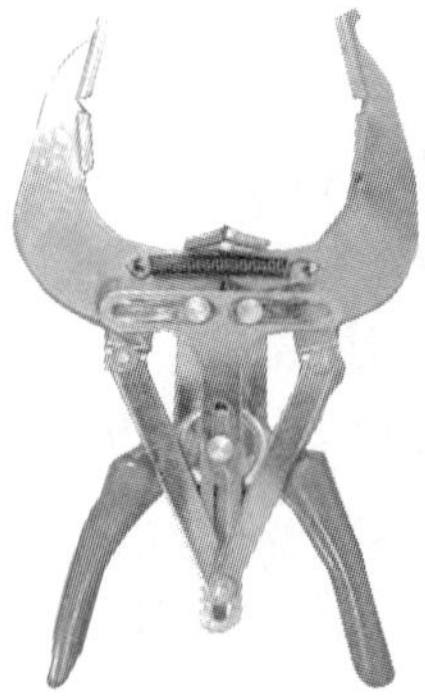

(2) ______________

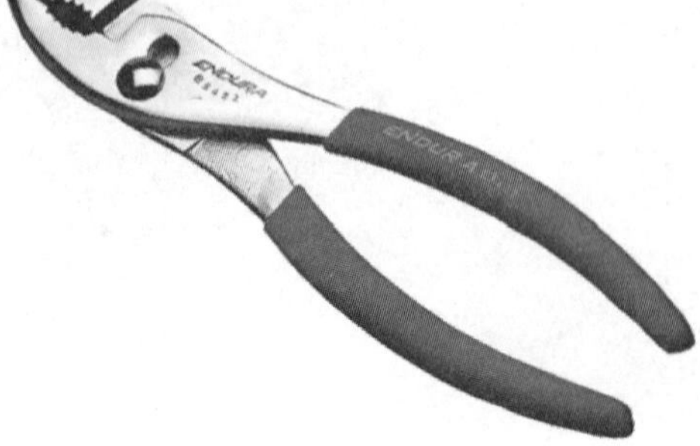

(3) ______________

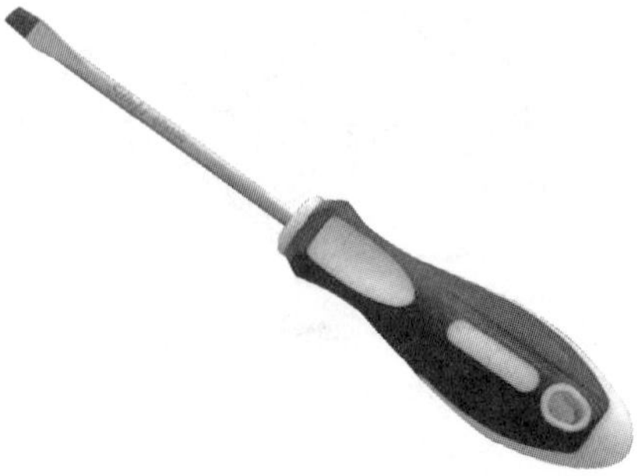

(4) ______________

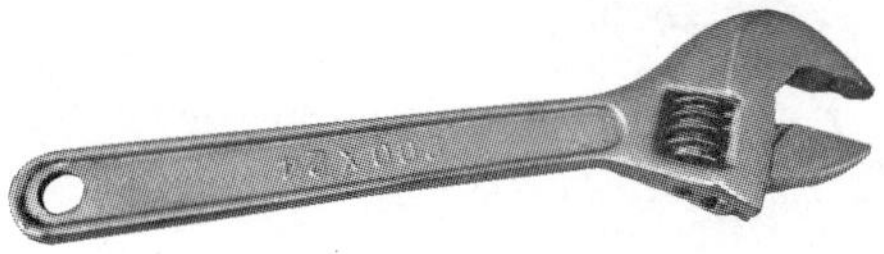

(5) ________________

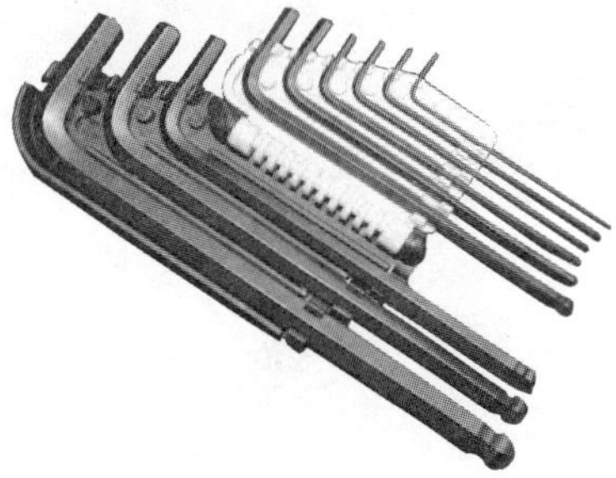

(6) ________________

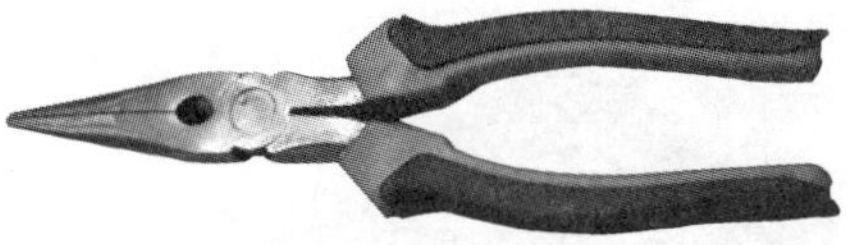

(7) ________________

(8) ________________

(9) ________________

(10) ________________

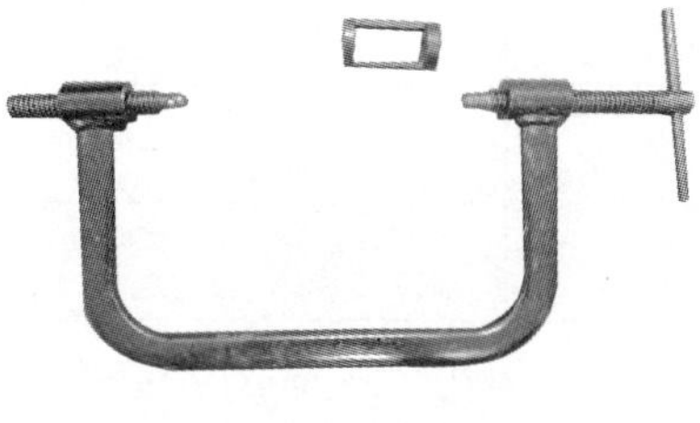

(11) ________________

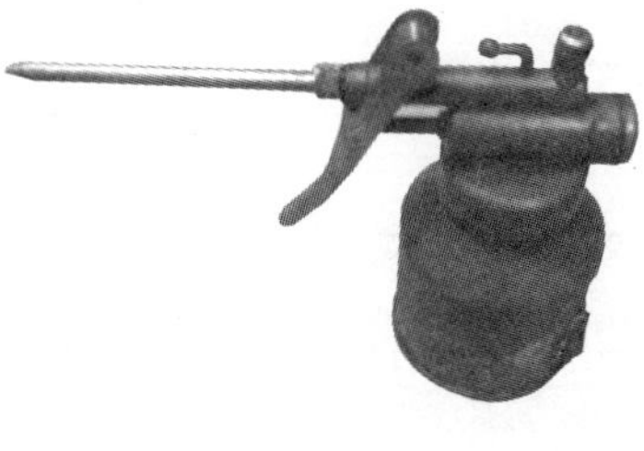

(12) ________________

(13) ________________

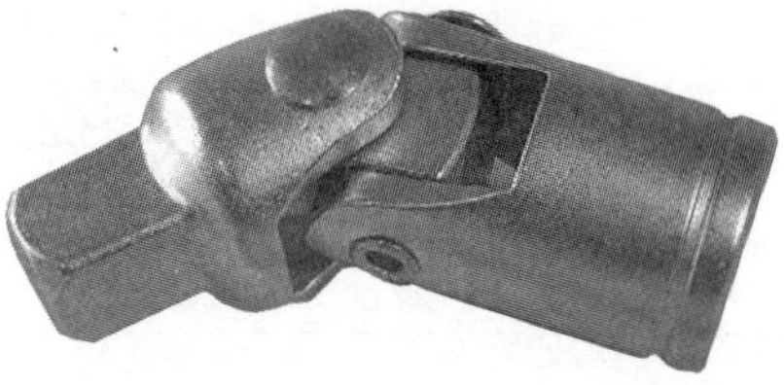

(14) ________________

(15) ________________

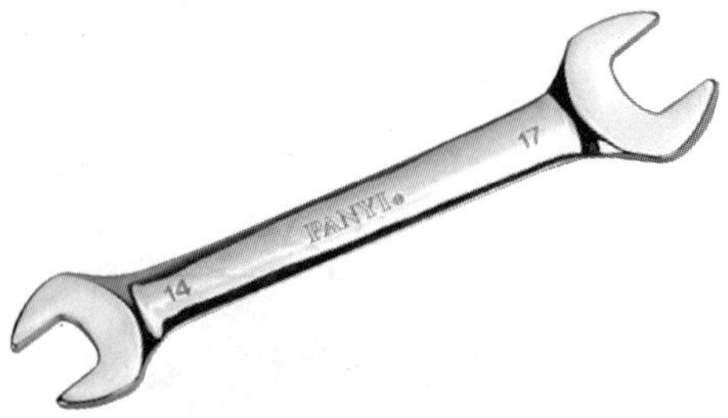

(16) ________________

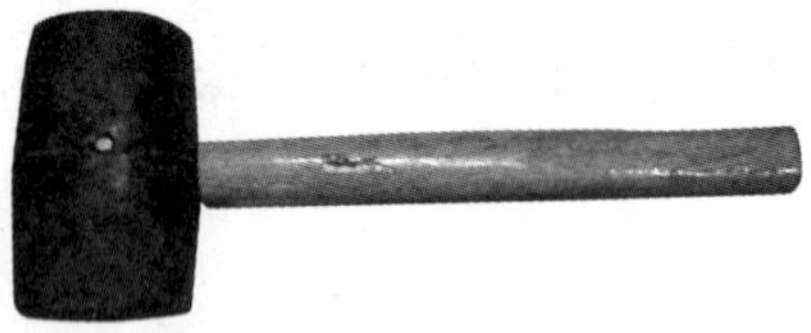

(17) ________________

(18) ________________

2. 按照类别写出各种汽车维修工具的名称。

序号	工具名称	用　　途	常用规格	备　　注

（续表）

序号	工具名称	用　　途	常用规格	备　　注

三、复习思考题

1. 回答汽车常用维修工具的使用方法和注意事项。

（1）使用起子应注意哪些方面？

（2）什么情况下选择使用开口扳手、梅花扳手或活络扳手？

（3）什么情况下选择使用套筒扳手？

(4) 汽车修理常用的工具有哪些?

。

2. 写出下列汽车维修工具设备使用方法的特点与作用。

(1) 井口扳手与内六角扳手配合使用。

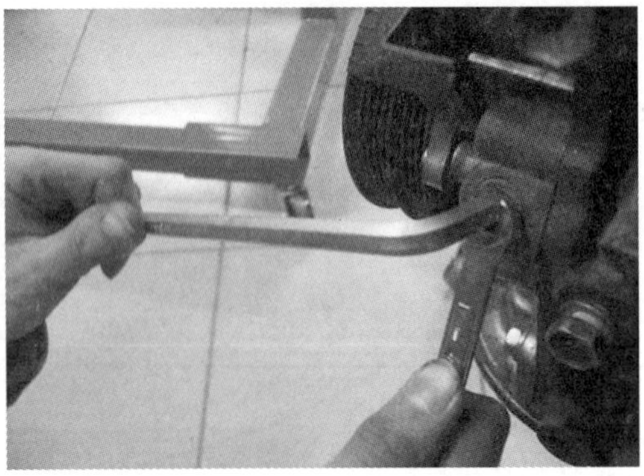

特点与作用:

（2）梅花扳手与开口扳手配合使用。

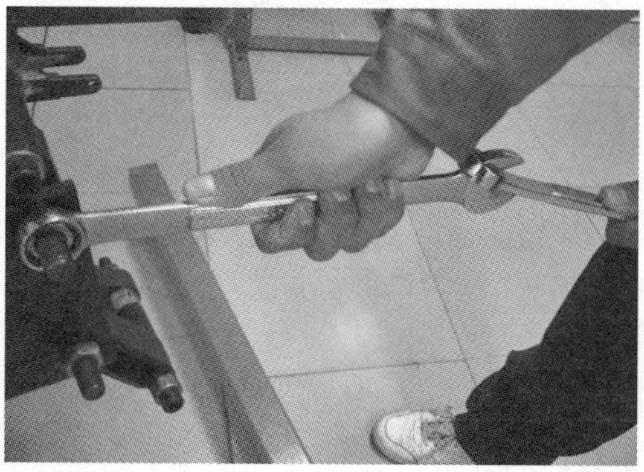

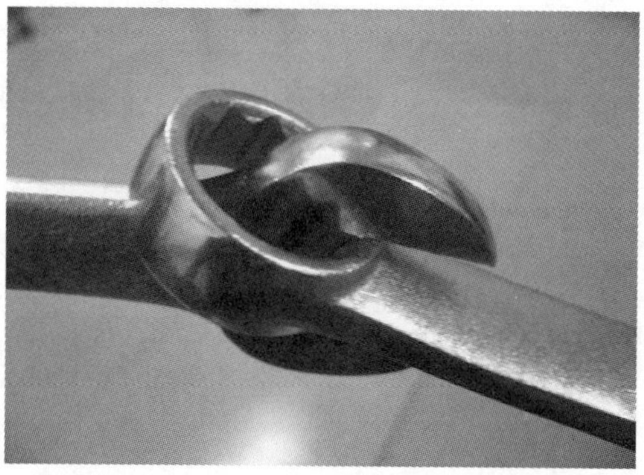

特点与作用：

3. 使用汽车维修工具的安全注意事项有哪些？

实训四　汽车的日常维护

一、实训指导

(一) 实训目标

1. 了解日常维护作业的作用；
2. 掌握汽车日常维护作业的内容；
3. 能正确选择与规范使用设备与维护工具；
4. 能按照原厂技术要求独立完成汽车日常维护作业。

(二) 安全要求及注意事项

1. 遵守实训场地的各项安全制度；
2. 实训车辆的车轮前后必须放置三角块，防止实训车辆发生移位；
3. 不论有无机动车驾驶证，未经老师同意不得擅自起动或驾驶实训车辆；
4. 未经老师同意不得擅自动用实训中心的任何设备和工具；
5. 未经老师同意不得擅自动用实训车辆的任何开关；
6. 在老师的指导下，严格按照实训操作步骤操作；
7. 作业完成后清洁车辆，工具和场地。

(三) 设备/工具/耗材要求

设备：大众 POLO 整车一辆或其他整车一辆。
工具：轮胎气压表、轮胎花纹规、轮胎专用扳手、钢直尺。
耗材：汽车专用毛巾、机油、玻璃清洗液、制动液、防冻液、动力转向液、抹布。

(四) 实训操作指导

1. 车身外部检查

1) 检查、清洁驾驶室内外各镜面与各挡风玻璃

(1) 将车辆停放在工位上，对车辆进行日常维护检查。

(2) 将2个车轮挡块放置在两个前轮的前部，2个车轮挡块放置在后轮的后部。要求挡块与车轮外边缘齐平。检查车辆周围有无不安全因素。

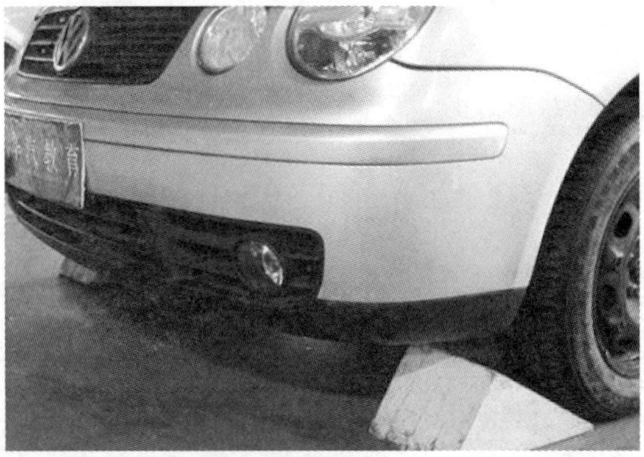

(3) 用汽车专用毛巾清洁车门玻璃和反光镜镜面。

(4) 在清洁工作同时，检查车门玻璃有无划痕，反光镜镜面有无裂纹损坏。

(5) 用汽车专用毛巾清洁前、后挡风玻璃。

(6) 在清洁工作同时,检查前后挡风玻璃有无裂纹损坏。

2) 检查车身外部部件是否有缺少或损坏,车身表面油漆是否有划痕、脱落

注意: 检查流程为从前到后,从左到右,从上到下。

3）检查、调整轮胎气压，轮胎磨损情况和车轮固定螺栓紧固情况

（1）用胎压表检测汽车各轮胎胎压是否符合标准。轮胎气压(kPa)(空载)为前轮 250 kPa，后轮 220 kPa，备胎 250 kPa。

（2）用轮胎花纹规检查轮胎是否异常磨损。轮胎无异常磨损时花纹深度＞1.6 mm。

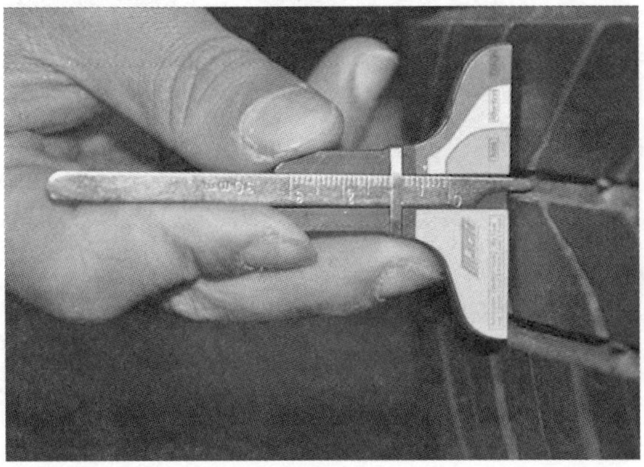

（3）用轮胎螺栓专用紧固扳手检查车轮螺栓紧固情况。

注意：紧固时应对称紧固各螺栓。

4）汽车水、电、油、气的四漏检查

（1）打开发动机舱盖。

（2）检查水箱外部有无泄漏。

(3) 检查散热器底部有无漏水，散热器表面有无冷却液泄漏或水渍。

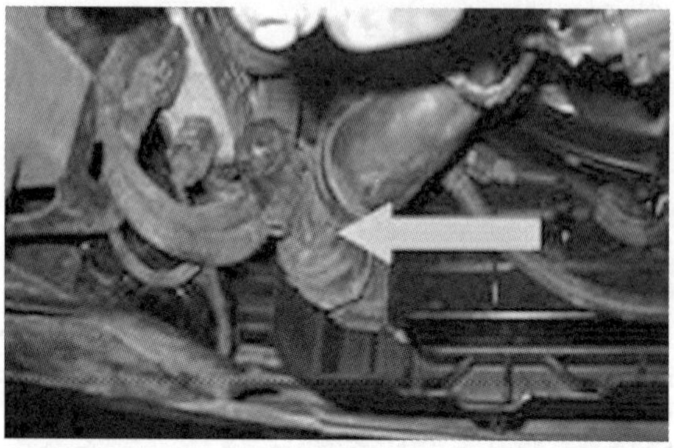

(4) 检查冷却系统水管及接头有无泄漏。

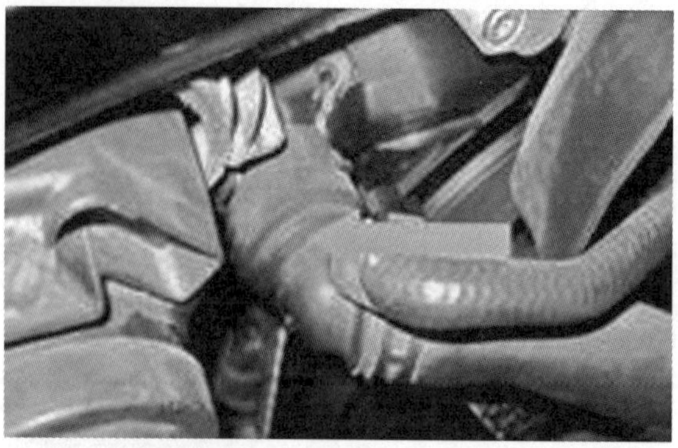

(5) 检查发动机外部有无机油泄漏。

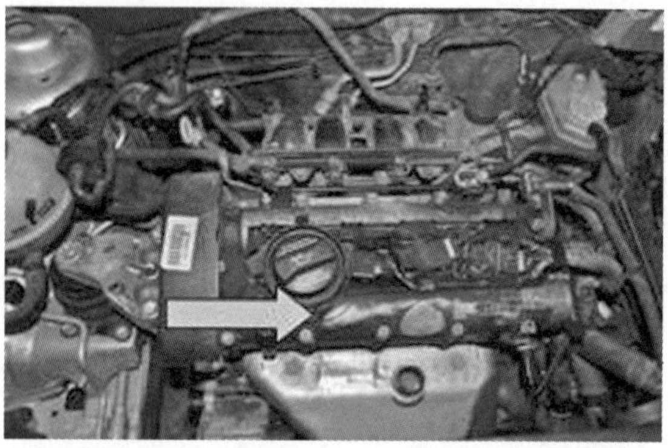

(6) 检查发动机气门室罩与气缸盖有无漏油现象，若出现漏油现象应检查气缸盖与气门室罩密封性，密封不良应进厂维修。

(7) 举升车辆，检查发动机底部有无泄漏。

(8) 检查机油滤清器边上有无漏油。

（9）检查泄油螺栓和油底壳边缘有无泄漏。

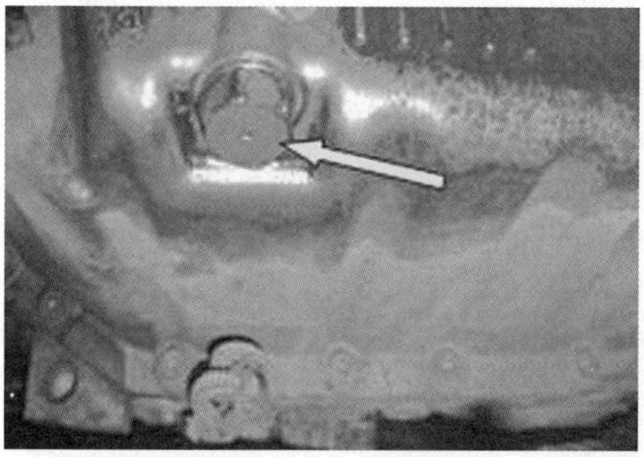

（10）检查发动机舱内真空管接头有无松动。

（11）检查蓄电池技术情况及电极桩头的紧固。

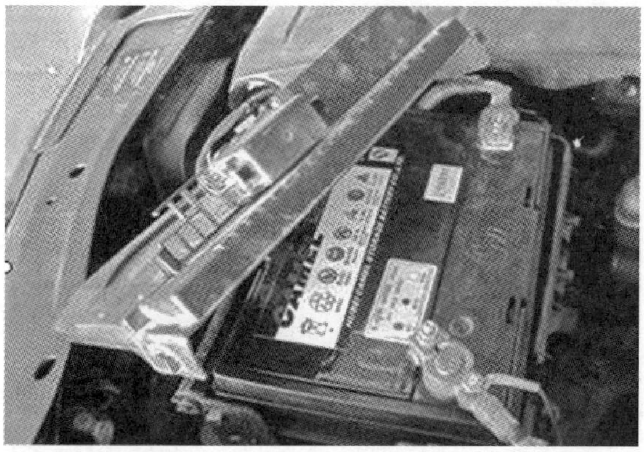

（12）电量指示：绿色为正常，黑色为需充电，白色为需更换。

5）检查、润滑车门和发动机舱盖

（1）打开车门，检查车门铰链，必要时润滑。

（2）检查车门限位拉条，必要时润滑。

（3）打开发动机舱盖。

（4）检查发动机舱盖液压撑杆及铰链，必要时润滑。

2. 车身内部检查

1）检查、调整灯光、信号的工作状况

（1）灯光转换开关操作说明：向右拨动一挡，驻车灯（示宽灯、尾灯、牌照灯、仪表灯）点亮。向右拨动二挡，近光灯点亮。

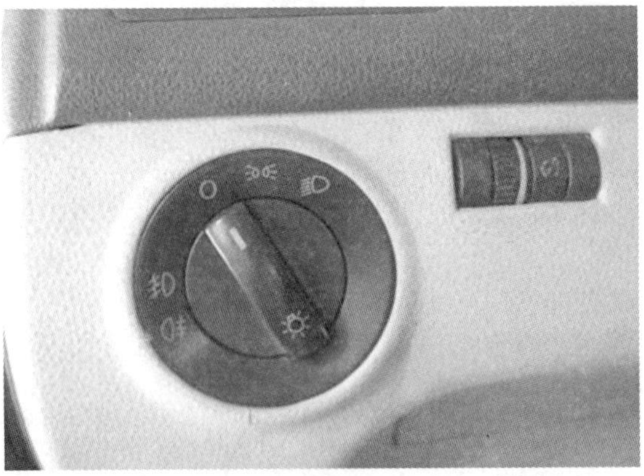

（2）灯光转换开关向右拨动至一挡，检查示宽灯是否点亮。

（3）检查尾灯是否点亮。

（4）检查牌照灯是否点亮。

(5) 检查仪表照明灯是否点亮。

(6) 将灯光转换开关向右拨动至二挡，检查近光灯是否点亮。

(7) 在近光灯接通的情况下，将转向灯开关向前方压下，检查远光灯是否点亮。

(8) 按下危险警告灯开关，检查前后转向灯是否同时闪烁。

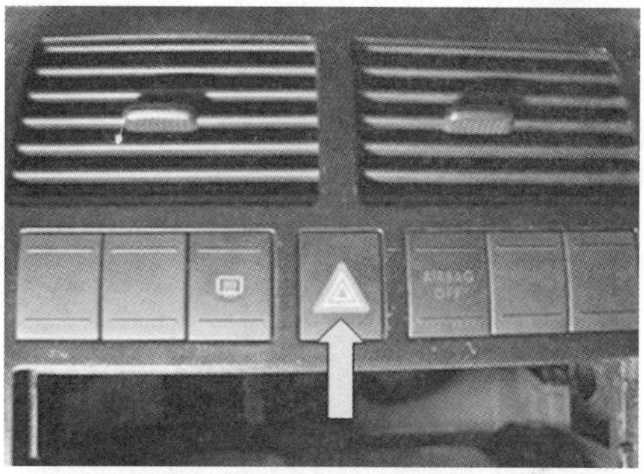

(9) 将灯光转换开关对准驻车灯或近光灯位置并向外拉一格，检查前雾灯工作状况。

(10) 检查前雾灯是否点亮。

(11) 将灯光转换开关对准驻车灯或近光灯位置并向外拉二格，检查后雾灯工作状况。

(12) 检查后雾灯是否点亮。

(13) 转向灯开关操作说明：

转向灯开关操纵杆向上①方向拨，右转向灯闪烁；向下往②方向拨，左转向灯闪烁。

转向灯开关操纵杆向前往③方向拨，远光灯点亮，向④方向拨，拨一下，远光灯点亮一次，用于超车警示。

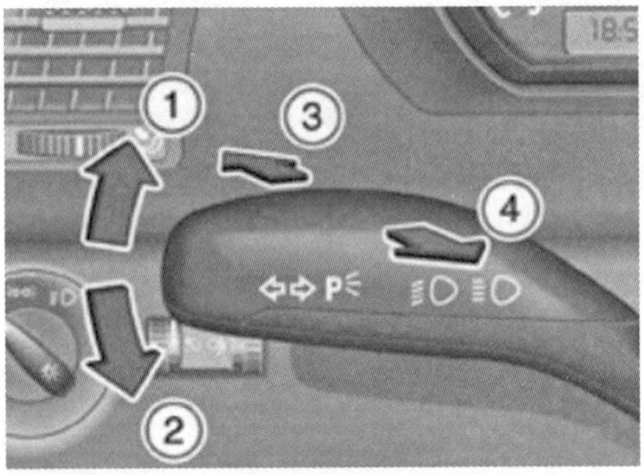

(14) 转向灯开关在②位置时，检查前、后左转向灯是否点亮。

(15) 检查仪表板上左转向指示灯是否点亮。

(16) 转向灯开关在①位置时，检查右转向灯是否点亮。

(17) 检查仪表板上右转向指示灯是否点亮。

(18) 踩住制动踏板，检查汽车尾部两侧制动灯和后挡玻璃下部的高位指示灯是否点亮。

(19) 踩下离合器踏板，拨动换挡杆至倒挡，检查倒车灯是否点亮。

2) 检查、调整喇叭的工作状况

(1) 点火开关打开，按下喇叭控制开关。

(2) 检查喇叭工作是否正常。

3）检查刮水器、挡风玻璃清洗器的工作状况

（1）刮水器操作杆在 0 位置——关闭；

刮水器操作杆在①位置——间歇刮刷，开关 A 可将刮刷间歇在 4 个级别中调整；

刮水器操作杆在②位置——缓慢刮刷；

刮水器操作杆在③位置——快速刮刷；

刮水器操作杆在④位置——点动刮刷；

刮水器操作杆在⑤位置——自动刮刷/清洗装置。

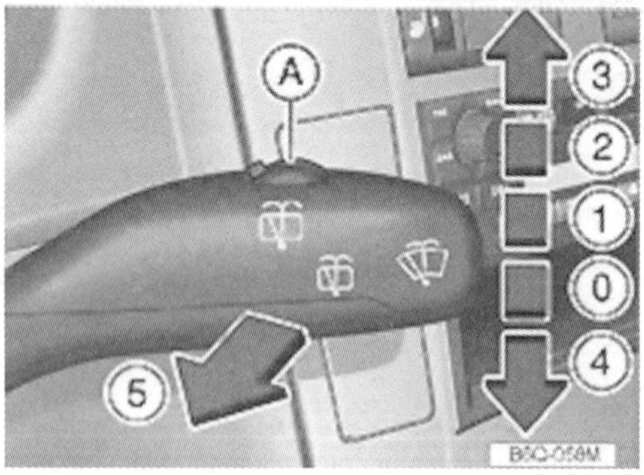

（3）喷射位置过高或过低，无法喷至刮水器工作范围，可上、下调节喷射头。

（5）检查自动回位状况。刮水器停止工作，应自动复位。

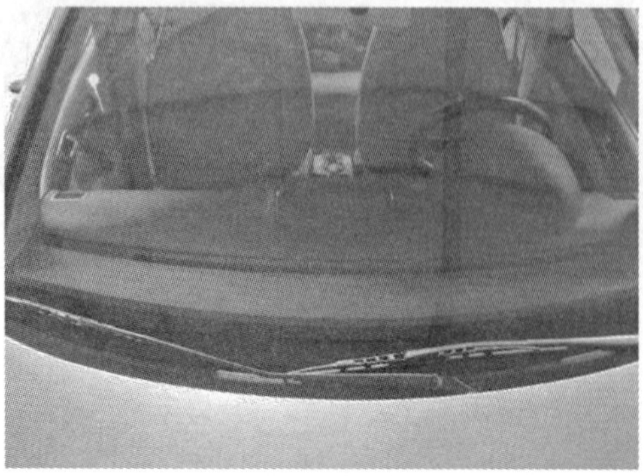

（2）将刮水器操作杆拉至位置⑤，检查喷洗器的喷射力、喷射位置和喷射时刮水器联动状况。观察压力是否够，是否能喷至刮水器工作范围。观察刮水器联动是否平稳、无异响。

（4）检查缓慢刮刷、快速刮刷和间歇刮刷的工作状况。

（6）检查刮拭状况。挡风玻璃在刮刷范围应无水痕。

4）检查转向盘自由行程以及转向盘回转平顺情况

（1）转动转向盘，检查转向盘回转是否平顺。

（2）检查转向盘自由行程，轻轻地将转向盘从正前方位置向右和向左转动，直到感觉有阻力为止，然后测量自由行程。

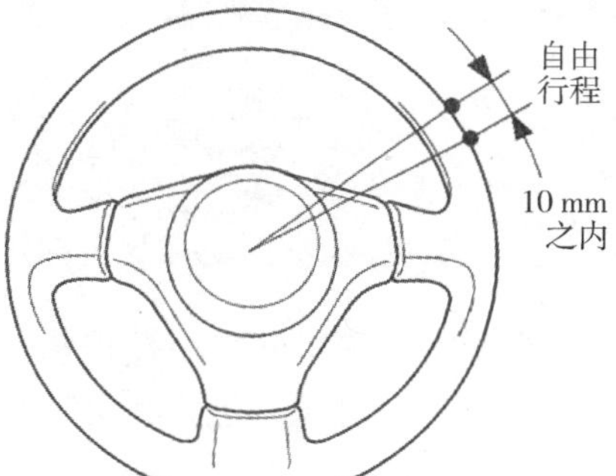

5）检查、调整前排座椅的动作状况，座椅固定螺栓有无松动

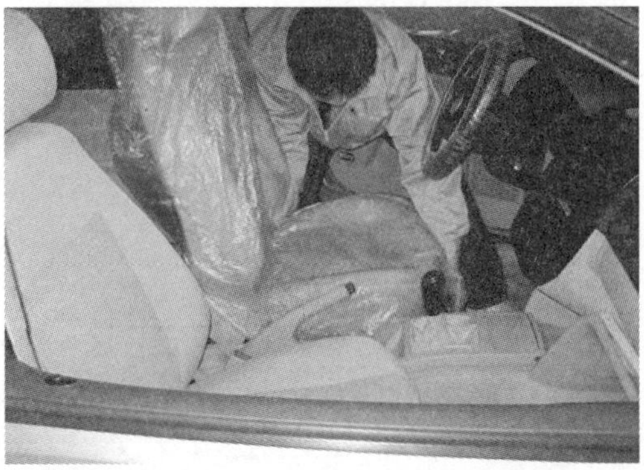

6）检查安全带的安装情况。用力抽拉安全带会出现张紧力。安全带的锁舌能扣到搭扣中

7）检查制动踏板的自由行程和工作状况

（1）检查制动踏板的高度，用 30 mm 钢直尺测量制动踏板与驾驶室底板之间距离就是踏板高度。

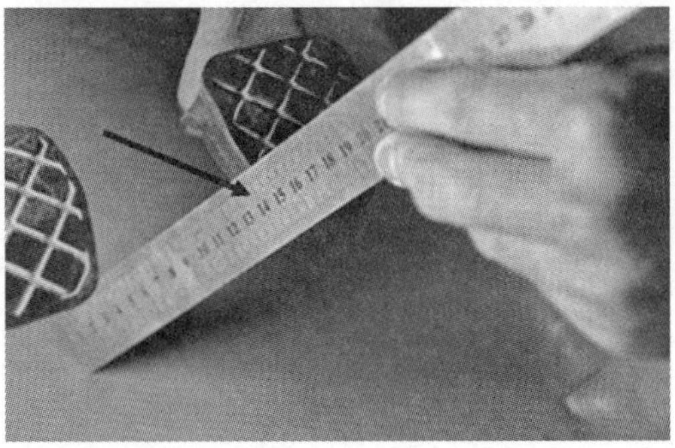

（2）检查制动踏板的自由行程，测量时在制动踏板与驾驶室底板之间立一直尺，用手向下按制动踏板至有阻力时，记下直尺读数。然后放松踏板，再看直尺读数。两次读数之差即为踏板自由行程。踏板自由行程一般在 15～20 mm。

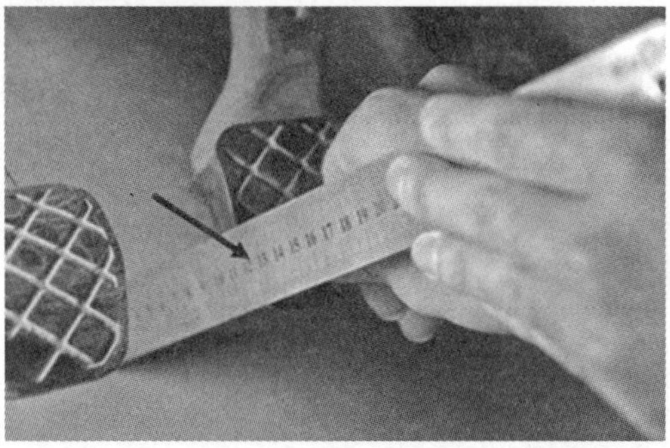

（3）检查制动踏板踩下、抬起的平顺状况。

（4）检查制动踏板踩下、抬起是否有噪音。

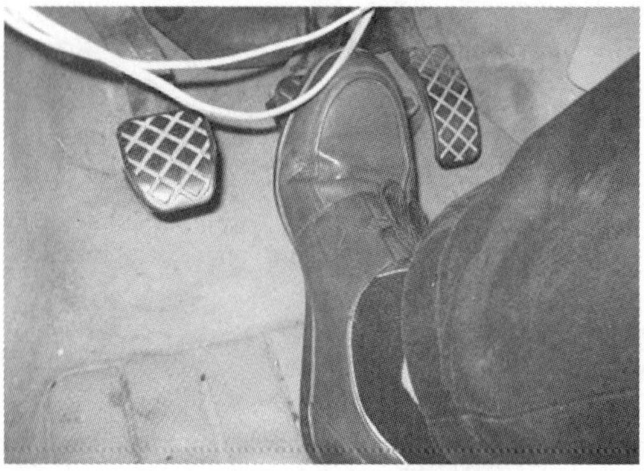

8）检查离合器踏板的自由行程和工作状况

（1）检查离合器踏板的高度，用 30 mm 钢直尺测量离合器踏板与驾驶室底板之间的距离就是踏板高度。

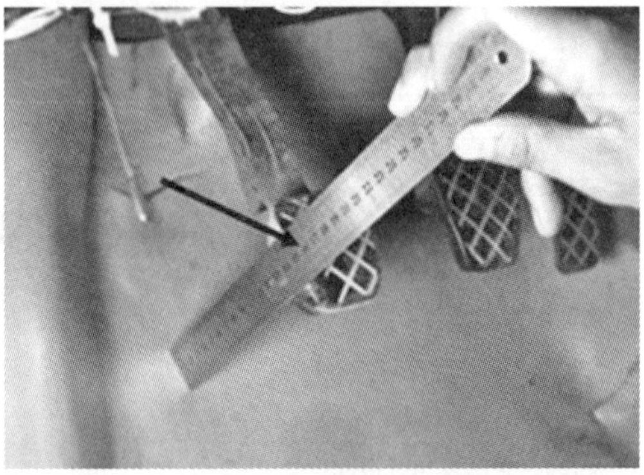

（2）用手轻轻按下离合器踏板直到感觉有阻力为止，然后测量自由行程。检查自由行程是否在规定范围（15～25 mm）之内。

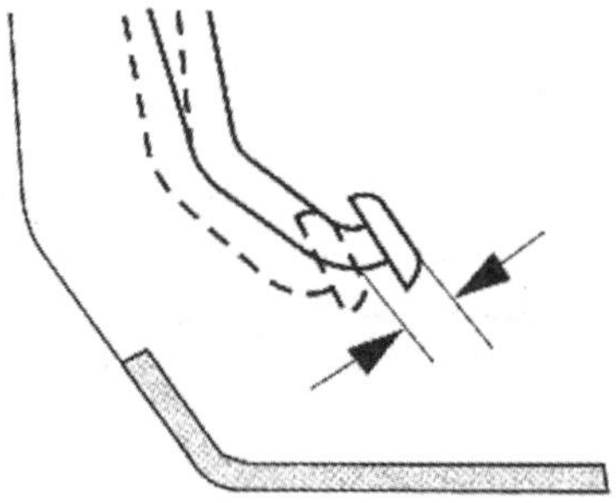

（3）踩下离合器踏板，检查离合器踏板踩下、抬起的平顺状况。

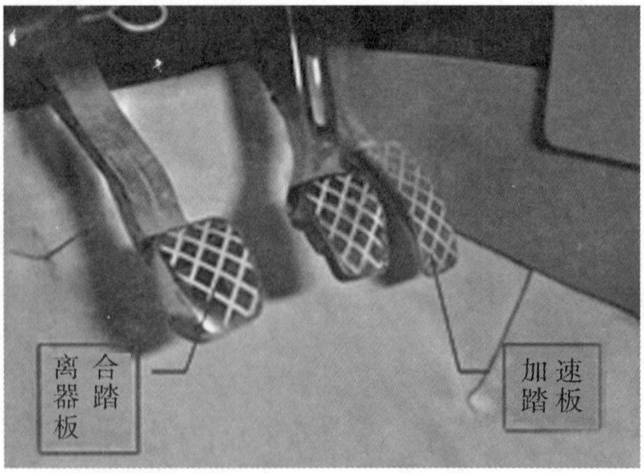

9）检查加速踏板操作情况

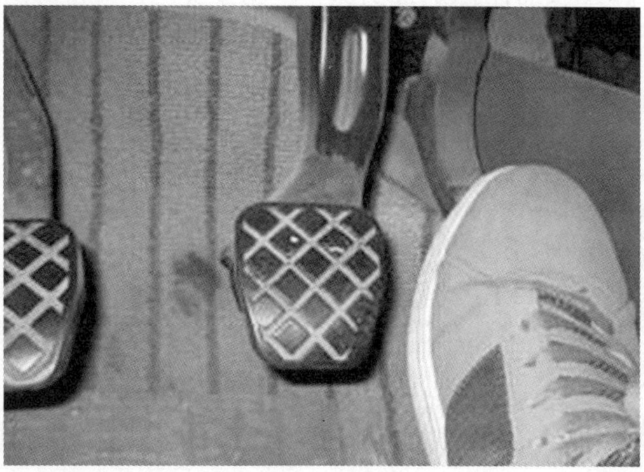

10）检查制动器的驻车性能

（1）检查驻车制动杆行程，拉起手制动杆，应在5～7响内使车辆停止不动。

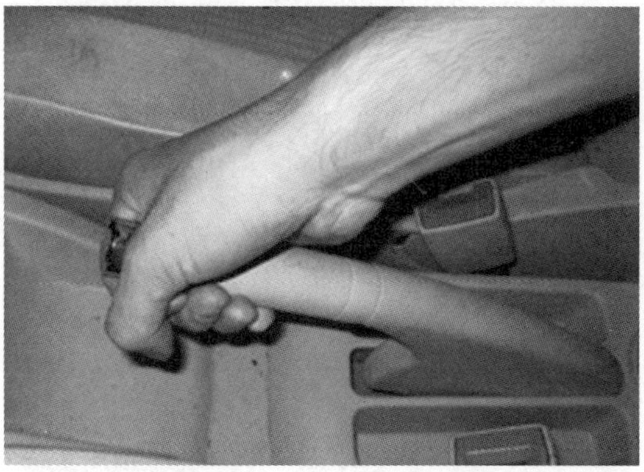

（2）在7响内无法驻车，需调整驻车制动机构。

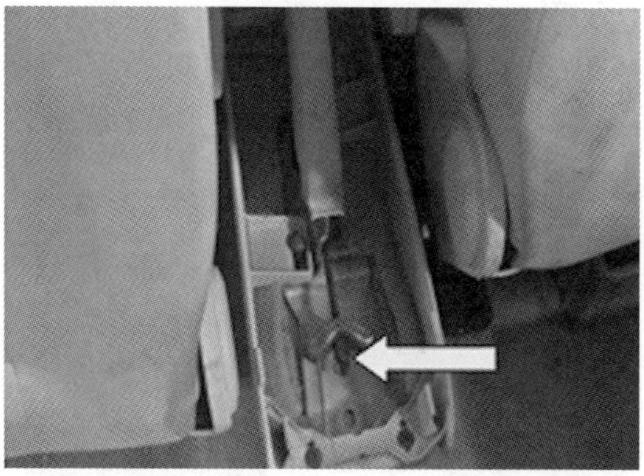

3. 发动机舱内检查

1）检查发动机机油油量

（1）在冷车情况下，检查发动机机油油量，拉出机油尺。

（2）机油油位应在两刻度之间。

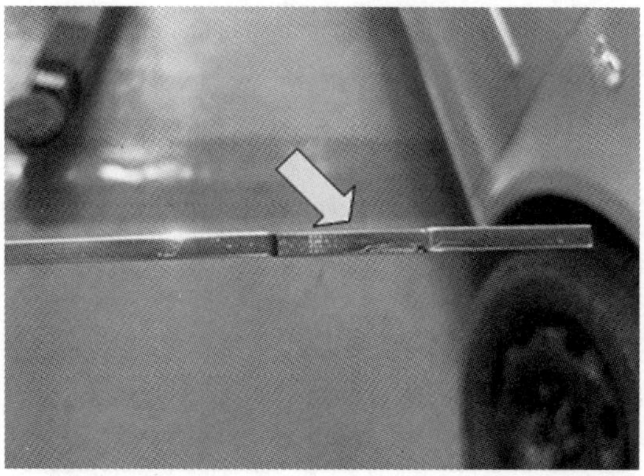

（3）如机油油位低于下线，应补充发动机机油，按原厂规定机油品牌与等级，加注规定量的机油。

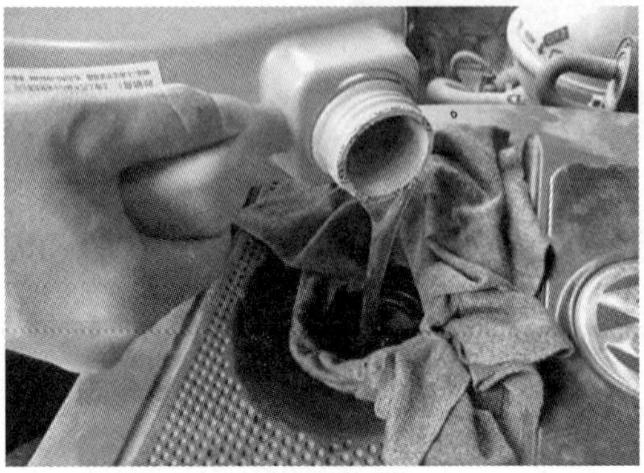

2）检查发动机冷却液液位

（1）观察储液罐内液位应在 min～max 标线之间。

注意：不允许用手摇晃储液罐。

（3）检查水泵周围有无泄漏。

注意：如冷却液缺少很多，而上述部位无泄漏，则应检查空调热水管、散热器有无泄漏。如外部都无泄漏，则应检查发动机内部故障。

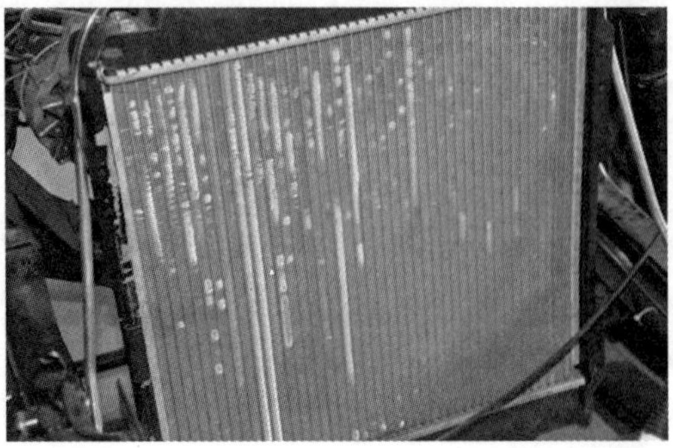

（4）补充好后，起动发动机并运行 3～5 min 然后熄火，再次检查机油液位，如液位低于下刻度线，则补添机油，最后拧上机油加注盖。

（2）发动机冷却液液位如低于 min，应检查下列部位：检查散热器底部有无漏水，水管接头有无泄漏，散热器表面有无冷却液泄漏或水渍。

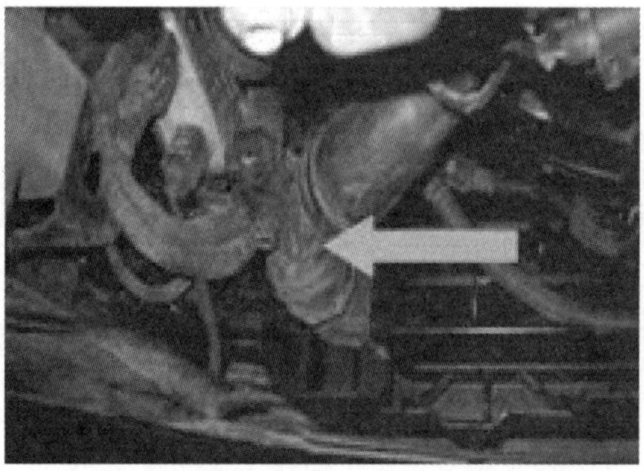

（4）如膨胀水壶中的冷却液液位低于 min，冷却系统无泄漏，用原厂规定的发动机防冻液添加到 min～max 之间。

注意：热车时不要拧开膨胀水壶盖，防止热蒸汽烫伤人。

3）检查制动液液位

（1）观察制动储液罐标线。标准值为 min～max 之间。

（2）旋下制动液壶盖，检查制动液的品质，应清澈透明，无杂质。

（3）如制动液液量少，应添加原厂规定品牌和规格的制动液。

4）检查动力转向液液量和油质

（1）观察动力转向液液位，应在 min～max 标线之间。

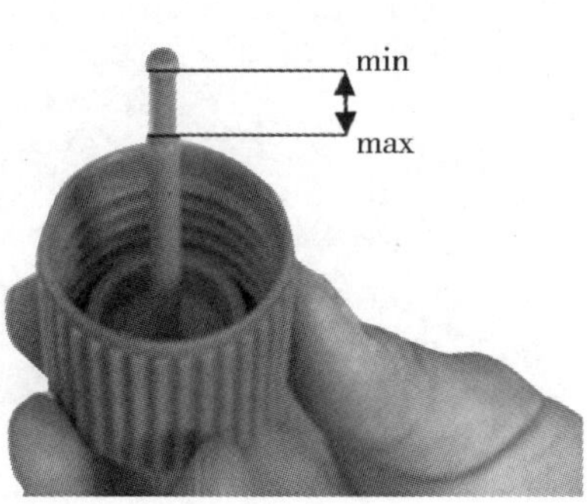

（2）旋下动力转向液壶盖，检查动力转向液的品质，应颜色正常，无杂质。原厂转向液颜色为紫色。

(3) 如动力转向液量少,应添加原厂规定品牌和规格的动力转向液。

5) 检查挡风玻璃清洗液

(1) 检查挡风玻璃清洗液液位,观察挡风玻璃清洗液壶内玻璃清洗液是否充足。

(2) 如挡风玻璃清洗液不足,应添加原厂规定品牌和规格的挡风玻璃清洗液。

(3) 检查挡风玻璃清洗液壶下方有无泄漏。

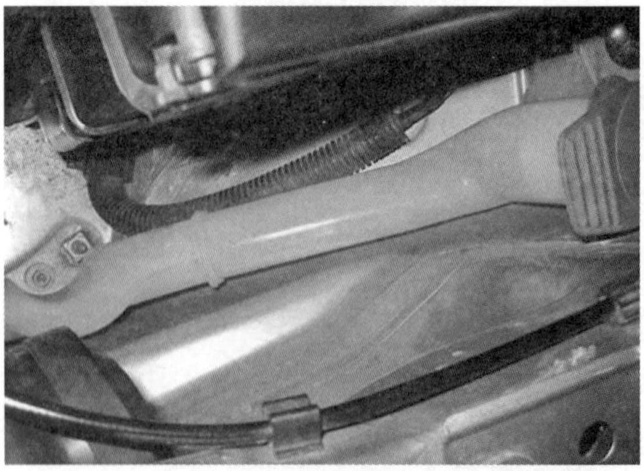

6）检查V型传动带技术状况及张紧度

（1）检查V型传动带有无龟裂老化或损坏。

（2）检查V型传动带张紧度，检查方法用手按皮带轮，扭曲度应在10 mm内。

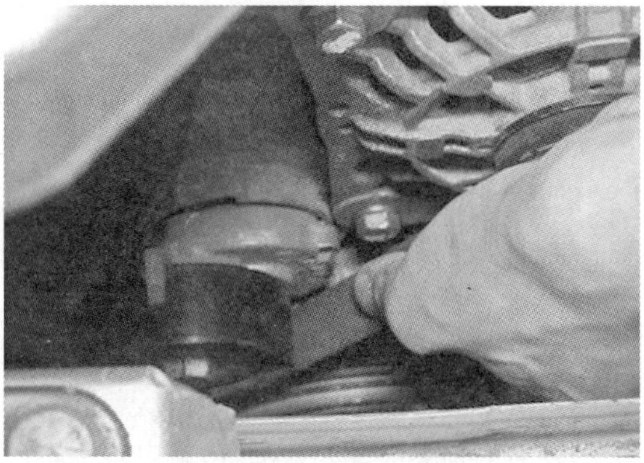

7）检查并清除散热器的污物，检查散热器软管老化情况，紧固软管管箍

（1）检查并清除散热器的污物。

（2）检查散热器软管是否老化，管箍是否松脱。

8）检查排气系统固定情况和其他情况

（1）检查排气安装件的O型圈是否损坏脱落，密封垫片是否损坏。

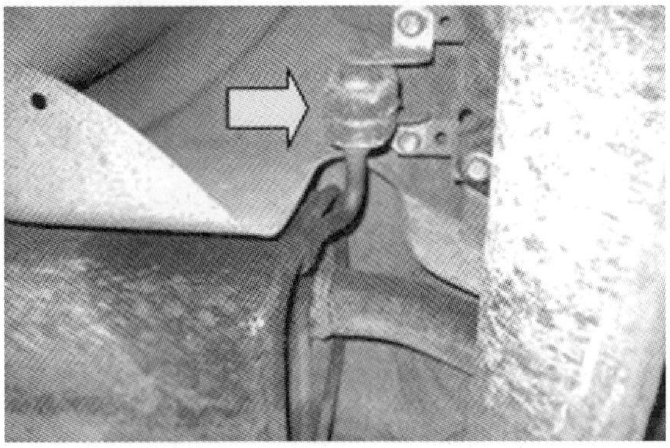

（2）检查排气管安装是否牢靠，消声器是否损坏。

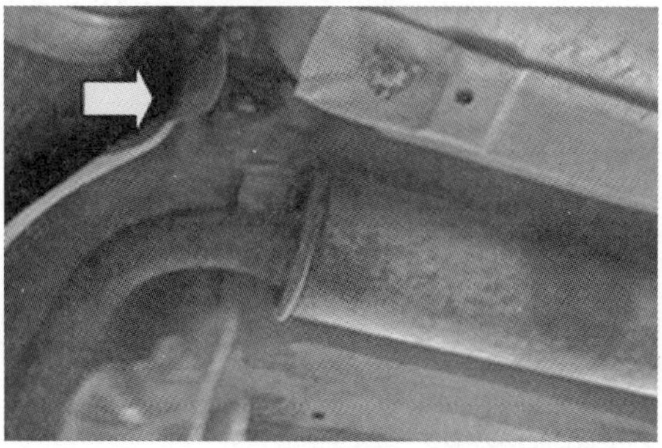

（五）技术要点

日常维护属于预防性维护作业，以清洁、补给和安全检视为中心内容，是各级维护的基础，由驾驶人在每天出车前、行车中和收车后进行。日常维护作业主要对车辆的安全机构及部件连接紧固情况的“三检”，保持“四清”，防止“四漏”和保持车容车貌的整洁。

“三检”：对汽车制动、转向、传动、悬架、灯光、信号等部位和发动机进行检视、紧固，以确保行车安全。

“四清”：保持发动机外表面、空气滤清器、燃油滤清器和蓄电池的清洁。

“四漏”：指漏水、漏气、漏油、漏电等现象。

通过进行日常维护，使汽车达到：

(1) 空气滤清器、润滑油滤清器、曲轴箱和变速器通风装置清洁，工作正常；

(2) 发动机润滑油、冷却液、变速器油、各种液压油、蓄电池电解液等液量和液质符合原厂要求；

(3) 全车无漏油、漏水、漏气、漏电现象；

(4) 发动机、悬架、进排气歧管、散热器、驱动轴、摆臂、减振器、后桥、车身、车门、罩盖、附件支架等外露螺栓、螺母齐全紧固，各衬垫圈完好；

(5) 转向联动杆件、制动操纵机构连接可靠，锁销齐全、有效，各球形节、万向节不松旷；

(6) 离合器踏板、制动踏板自由行程符合标准；

(7) 各润滑点润滑良好，各密封护罩完好、紧固；

(8) 轮毂轴承不松旷；

(9) 轮胎气压符合规定，胎面清洁、无异常磨损；

(10) 蓄电池极桩清洁、安装可靠；

(11) 照明设备、信号装置和仪表齐全有效。

二、工作页

完成车辆日常维护作业，将检查作业内容和维护作业内容填入下表。

1. 车型 1：　　　　　　　　　　　行驶里程：

日常维护作业表

序号	检查内容	检查结果	维护作业内容	备　注
1				
2				
3				
4				
5				
6				

（续表）

序号	检查内容	检查结果	维护作业内容	备　　注
7				
8				
9				
10				
11				
12				
13				
14				
15				
16				
17				
18				
19				
20				
21				
22				
23				
24				
25				
26				
27				
28				
29				
30				

2. 车型 2：　　　　　　　　　　　　　　行驶里程：

日常维护作业表

序号	检查内容	检查结果	维护作业内容	备　注
1				
2				
3				
4				
5				
6				
7				
8				
9				
10				
11				
12				
13				
14				
15				
16				
17				
18				
19				
20				
21				
22				
23				
24				
25				
26				

(续表)

序号	检查内容	检查结果	维护作业内容	备　　注
27				
28				
29				
30				

三、复习思考题

1. 为什么驾驶人要加强日常维护作业？

2. “三检”、“四清”和“四漏”的含义各是什么？

3. 在日常维护作业时，应注意哪些安全事项？

4. 归纳总结日常维护作业的内容和操作步骤，设计日常维护作业的工艺流程。

序号	日常维护作业项目	备　　注

实训五　汽车的一级维护

一、实训指导

（一）实训目标

1. 了解一级维护作业的作用；
2. 掌握汽车一级维护的项目内容；
3. 能正确选择与规范使用维护作业的设备与工具；
4. 能按照原厂技术要求独立完成汽车一级维护作业。

（二）安全要求及注意事项

1. 遵守实训场地的各项安全制度；
2. 实训车辆的车轮前后必须放置三角块；
3. 不论有无机动车驾驶证，未经老师同意不得擅自起动或驾驶实训车辆；
4. 未经老师同意不得擅自动用实训中心的任何设备和工具；
5. 未经老师同意不得擅自动用实训车辆的任何开关；
6. 在老师的指导下，严格按照实训操作步骤操作；
7. 作业完成后清洁车辆、工具和场地。

（三）设备/工具/耗材要求

设备：上海大众 POLO 乘用车一台或其他电控整车一辆、专用工具车、举升机、故障诊断仪、数字万用表、胎压表、机油回收机、大众专用折射计、专用工具 MCR 341V。

工具：14 mm 套筒、17 mm 套筒、19 mm 套筒、棘轮扳手、吹尘枪、长接杆、可调式扭力扳手、气动扳手、十字起子、翼子板布。

耗材：机油滤清器、空气滤清器、发动机机油、保养四件套、制动液、防冻液、玻璃清洗液、动力转向液。

（四）实训操作指导

汽车一级维护的时机一般按汽车生产厂家推荐或规定的行驶里程或使用时间进行。一级维护的间隔里程约为 7 500～15 000 km 或 6 个月，以行驶里程或使用时间先达到为准。一级维护由专业维修工负责执行。其作业中心内容除日常维护作业外，以清洁、润滑、紧固为主，并检查有关制动、操纵等安全部件。一级维护基本作业项目如下。

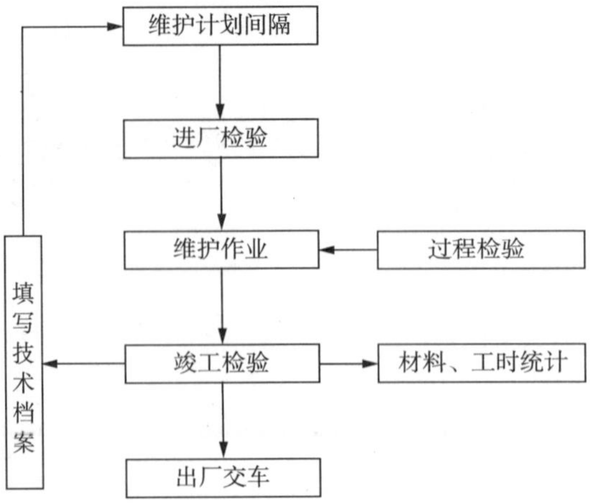

1. 预检工作

（1）将车辆停放在合适位置，接上尾气抽排装置。

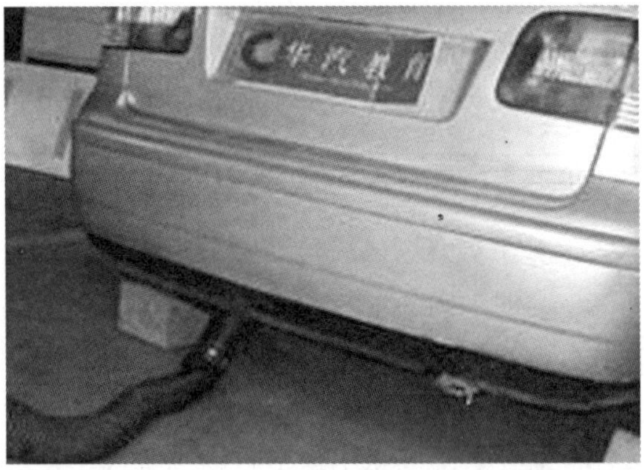

（2）将 2 个车轮挡块放置在两个前轮的前部，2 个车轮挡块放置在后轮的后部。要求挡块与车轮外边缘齐平。检查车辆周围有无不安全因素。

(3) 安放三件套(座椅套、转向盘套和换挡杆套)和脚垫纸。

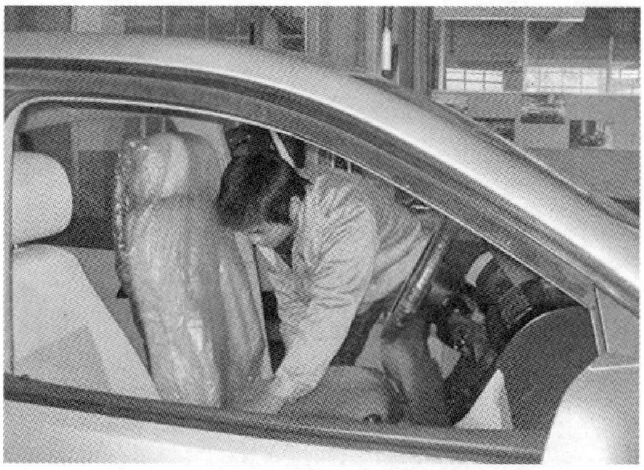

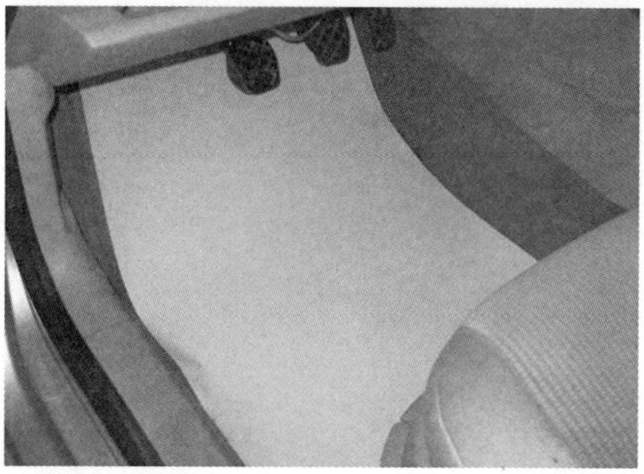

(4) 车辆外观检查。从整车的左侧开始顺时针绕车一圈,检查车身外部部件是否有缺少或损坏情况,车身表面油漆是否有划痕、脱落。

注意: 检查流程为从前到后,从左到右,从上到下。

(5) 打开发动机盖，安装翼子板布、前格栅布。

(6) 检查发动机冷却液液位。观察储液罐内液位应在 min～max 标线之间。

注意： 不允许用手摇晃储液罐。

(7) 检查发动机机油油量，拉出机油尺。

（8）机油油位应在两刻度之间。

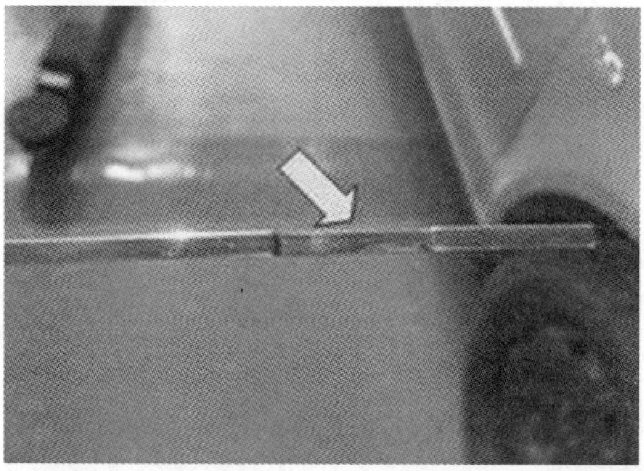

（9）检查制动液液位。观察制动储液罐标线。标准值为 min～max 之间。

（10）检查喷洗器液量是否过少。

2. 电气系统维护作业

（1）接通点火开关，检查组合仪表盘的指示灯和警示灯是否点亮。检查电动液压转向助力器、冷却液液位、机油液位、电子防盗和 ABS 的指示灯亮 3 s 后应熄灭。

（2）起动发动机。

(3) 检查仪表系统工作是否正常。EPC、气囊系统警示灯和发电机指示灯在起动后应熄灭。

(4) 灯光转换开关说明：向右拨动一挡，驻车灯(示宽灯、尾灯、牌照灯、仪表灯)点亮。向右拨动二挡，近光灯点亮。

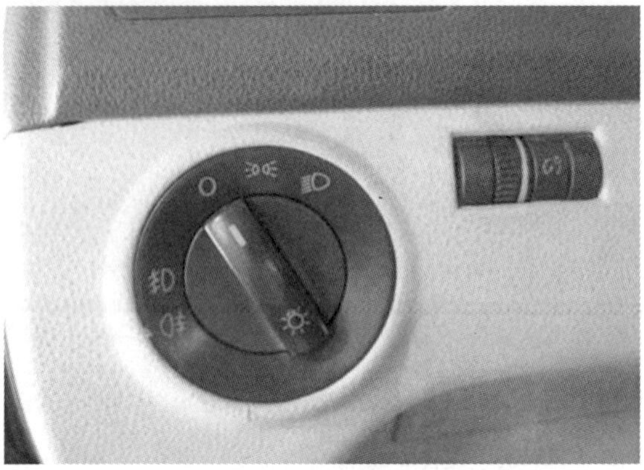

(5) 将灯光转换开关向右拨动一挡，检查示宽灯是否点亮。

(6) 将灯光转换开关向右拨动一挡，检查尾灯是否点亮。

(7) 将灯光转换开关向右拨动一挡，检查牌照灯是否点亮。

(8) 将灯光转换开关向右拨动一挡，组合仪表出现蓝色灯光，表明仪表照明灯点亮。

(9) 将灯光转换开关向右拨动二挡，检查近光灯是否点亮。

(10) 在近光灯接通的情况下，将转向灯开关向前方压下，检查远光灯是否点亮。

(11) 检查危险警告灯控制开关的工作状况。

(12) 将灯光转换开关对准驻车灯或近光灯位置并向外拉一格，检查前雾灯工作状况。

(13) 检查前雾灯是否点亮。

(14) 将灯光转换开关对准驻车灯或近光灯位置并向外拉二格，检查后雾灯工作状况。

（15）检查后雾灯是否点亮。

（16）右转向灯：将转向灯开关操纵杆向上拨①；

左转向灯：将转向灯开关操纵杆向下拨②；

远光灯：将转向灯开关操纵杆向前压③或向转向盘位置④(超车警示)。

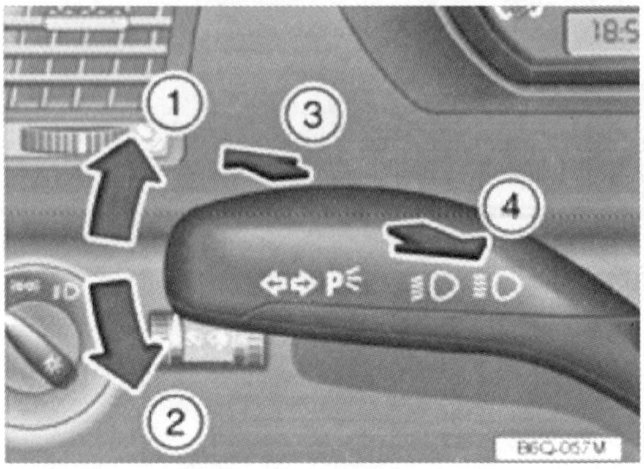

（17）在①位置时，检查右转向灯是否点亮。

（18）检查组合仪表上左转向指示灯是否点亮。

（19）在②位置时，检查左转向灯是否点亮。

（20）检查组合仪表上右转向指示灯是否点亮。

(21) 踩住制动踏板，检查汽车尾部两侧制动灯和后挡玻璃下部的高位指示灯是否点亮。

(22) 踩下离合器踏板，拨动挡位杆至倒挡，检查倒车灯是否点亮。

(23) 挡风玻璃喷洗器检查。

① 刮水器操作杆在 0 位置：关闭；

刮水器操作杆在①位置：间歇刮刷，开关 A 可将刮刷间歇在 4 个级别中调整；

刮水器操作杆在②位置：缓慢刮刷；

刮水器操作杆在③位置：快速刮刷；

刮水器操作杆在④位置：点动刮刷；

刮水器操作杆在⑤位置：自动刮刷/清洗装置。

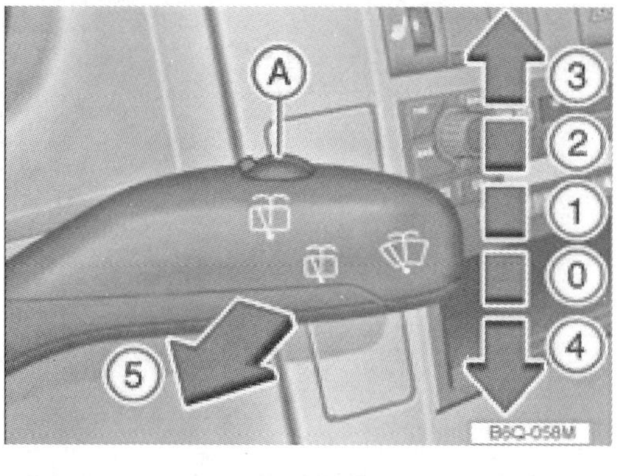

② 将刮水器操作杆拉至位置⑤，检查喷洗器的喷射力、喷射位置和喷射时刮水器联动状况。观察压力是否够，能喷至刮水器工作范围。观察刮水器联动是否平稳、无异响。

③ 喷射位置过高或过低，无法喷至刮水器工作范围，可上、下调节喷射头。

④ 检查缓慢刮刷、快速刮刷和间歇刮刷的工作状况。

⑤ 检查自动回位状况。刮水器停止工作,应自动复位。

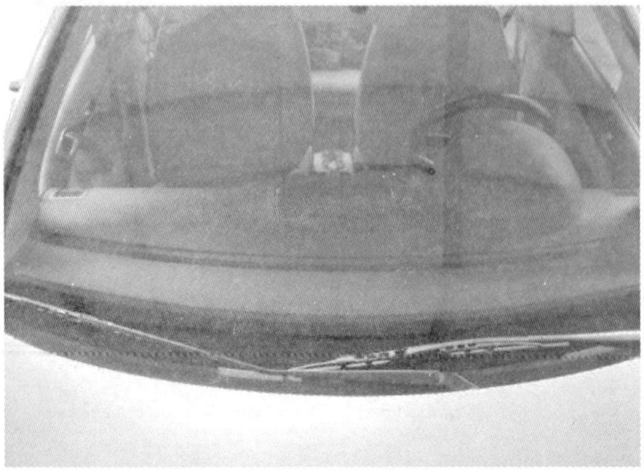

⑥ 检查刮拭状况。挡风玻璃在刮刷范围应无水痕。

(24) 检查喇叭工作状况。

① 点火开关打开,按下喇叭控制开关。

② 检查喇叭工作是否正常。

3. 检查手制动器的驻车性能

(1) 检查驻车制动杆行程,拉起手制动杆,应在5~7响内使车辆停止不动。

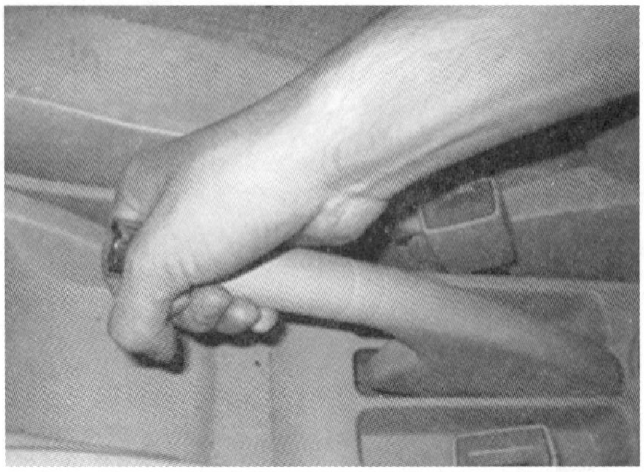

(2) 在7响内无法驻车,需调整驻车制动机构。

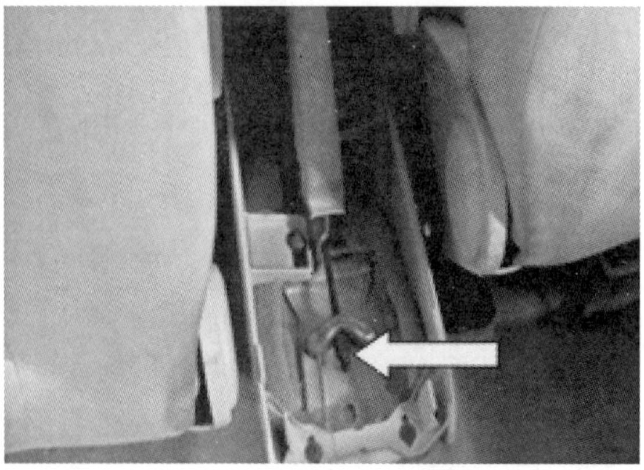

(3) 检查驻车制动器指示灯是否点亮。拉动驻车制动杆一响，仪表灯应亮，放下应灭。

4. 发动机室维护作业

1) 更换发动机机油及机油滤清器

(1) 用手拧开发动机机油加注盖，加注盖应放在工具车上。

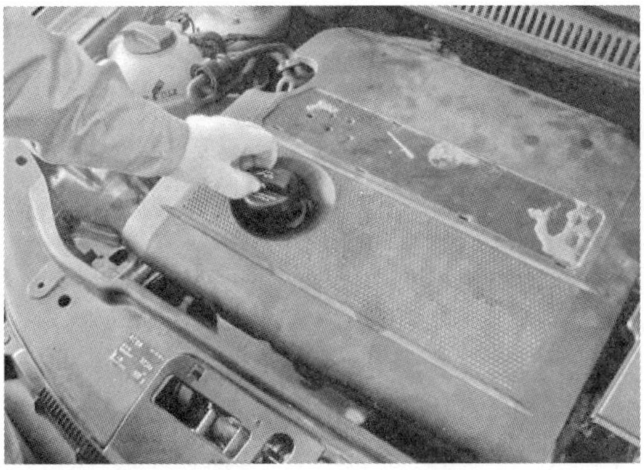

(2) 准备举升车辆，将举升机的四个举臂伸出长度基本相同，举块能合适地安放车轮规定的举升位置。

(3) 举升车辆。

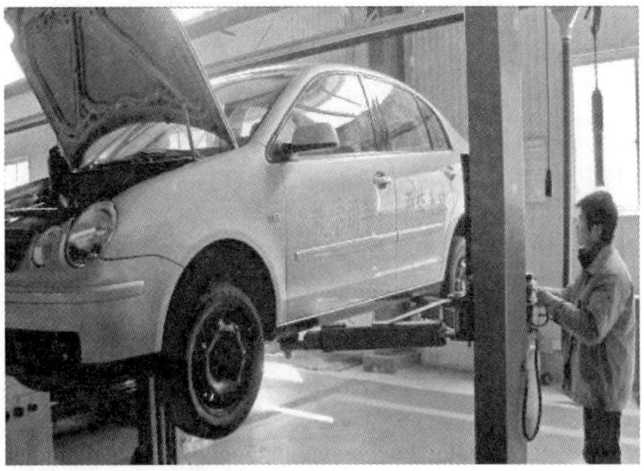

(4) 机油回收机推放在油底壳的泄油螺栓下方。

（5）用 19 mm 梅花扳手逆时针将油底壳的泄油螺栓拧松，然后用手将泄油螺栓慢慢拧下，泄油螺栓放在工具车上。

（6）发动机机油从油底壳的泄油螺栓孔排放到机油回收机。

（7）待发动机内机油基本排出后，用机滤套筒套在机油滤清器上，慢慢拧松机油滤清器。将拆下的机油滤清器放至废物箱。

（8）待油底壳的泄油螺栓孔没有机油滴出，先用手顺时针拧紧泄油螺栓，拧至感到需用力时，用 19 mm 梅花扳手将油底壳的泄油螺栓拧紧，拧紧力矩为 30 N·m。

（9）在新的机油滤清器的密封圈上涂抹机油，在安装后能起到更好的密封作用。

（10）用手将机油滤清器拧上，当拧至感到需用力时，用机滤套筒套在机油滤清器上，用棘轮扳手拧紧 3/4 圈。

(11) 用抹布擦干净机油滤清器周围和油底壳的泄油螺栓。

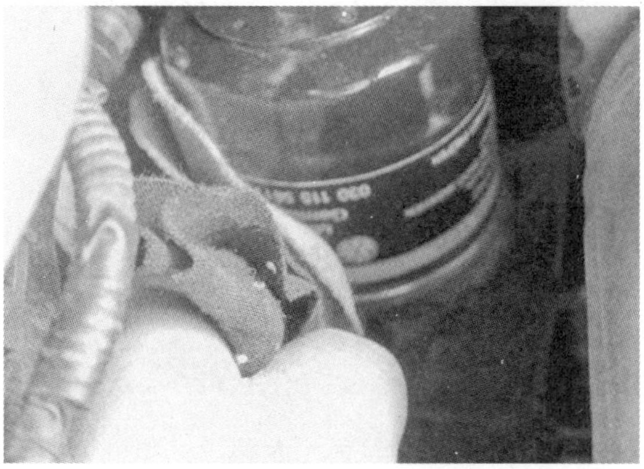

(12) 放下车辆,用干净抹布放在机油加液孔边上,按原厂规定机油品牌与等级,加注规定量的机油。

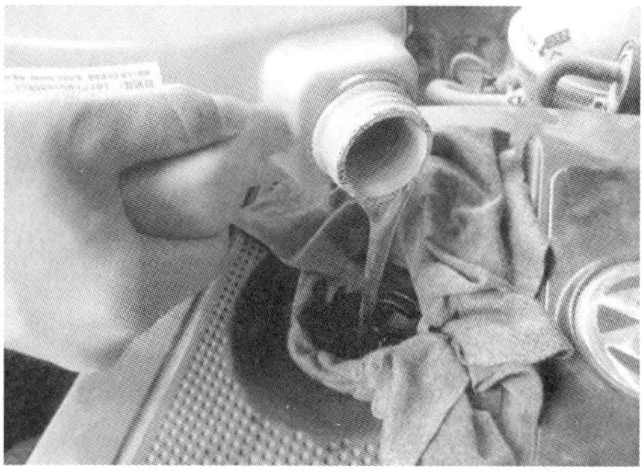

(13) 用机油尺检查机油液位是否在上、下刻度之间。

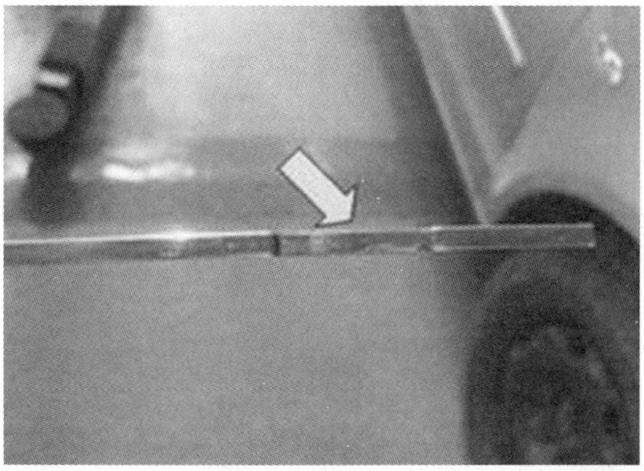

(14) 起动发动机并运行 3~5 min 然后熄火,再次检查机油液位,如液位低于下刻度线,则补添机油,最后拧上机油加注盖。

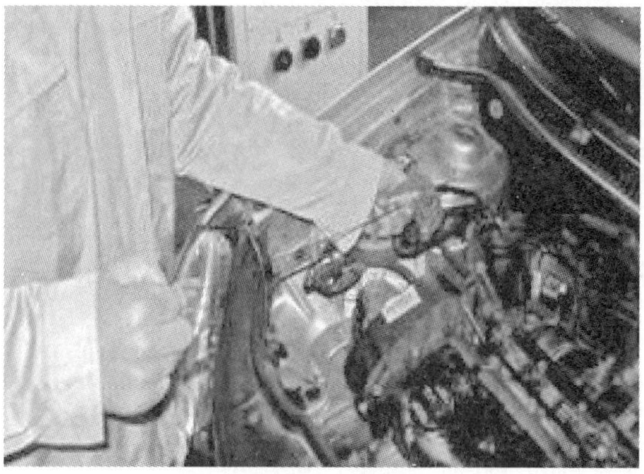

(15) 举升车辆,检查油底壳、泄油螺栓及机油滤清器边上有无漏油,最后放下车辆。

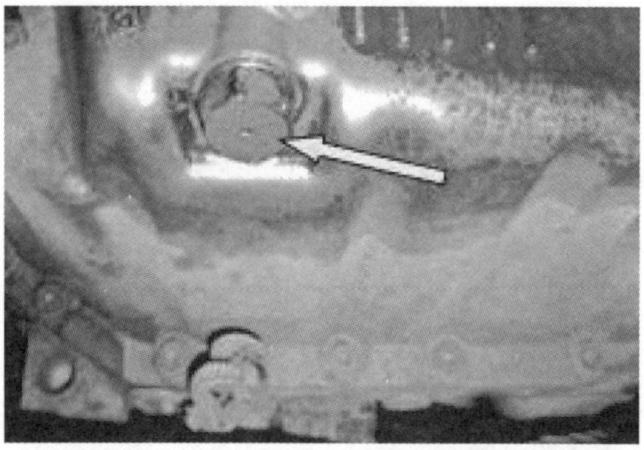

2）检查冷却液液面高度和冷却系统有无泄漏

（1）观察膨胀水壶中的冷却液液位，标准应为min～max之间，如低于min，应检查下列部位。

① 检查散热器底部有无漏水，散热器表面有无冷却液泄漏或水渍。

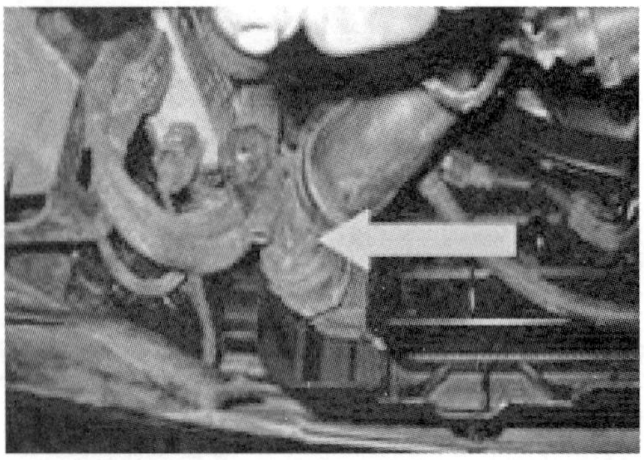

② 检查冷却系统水管及接头有无泄漏。

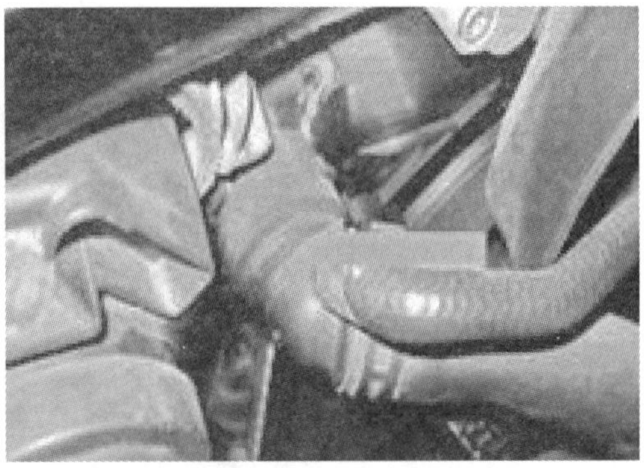

③ 检查水泵周围有无泄漏。

注意：如冷却液缺少很多，而上述部位无泄漏，则应检查空调热水管、散热器有无泄漏。如外部都无泄漏，则应检查发动机内部故障。

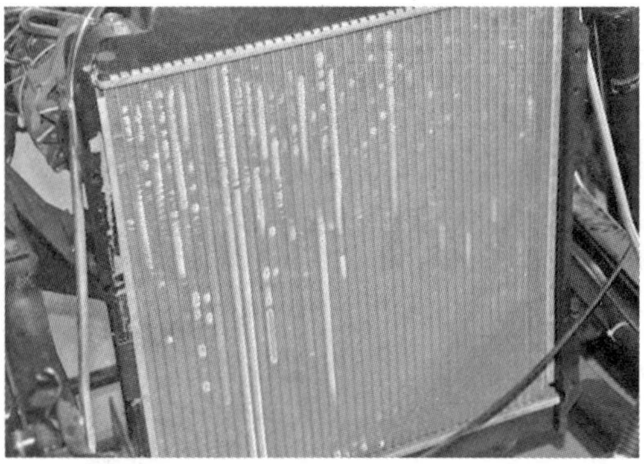

（2）如膨胀水壶中的冷却液液位低于min，冷却系统无泄漏，用原厂规定的发动机防冻液添加到min～max之间。

注意：热车时不要拧开膨胀水壶盖，防止热蒸汽烫伤人。

（3）使用大众专用折射计T10007，检测冷却液的技术状况。

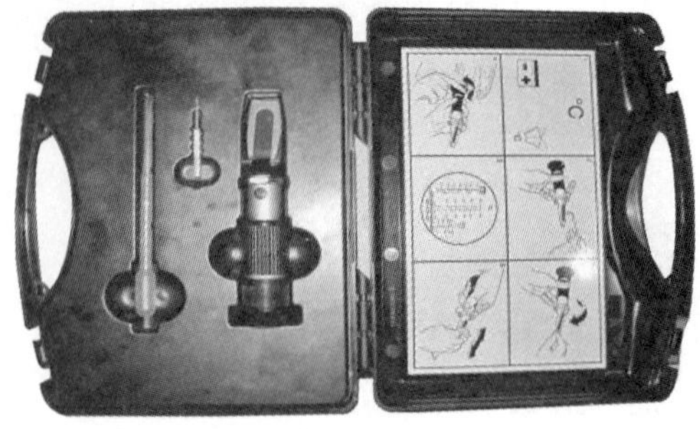

① 用吸管从膨胀壶内吸出少量冷却液。

② 将吸管内的冷却液滴入折射计镜面上。

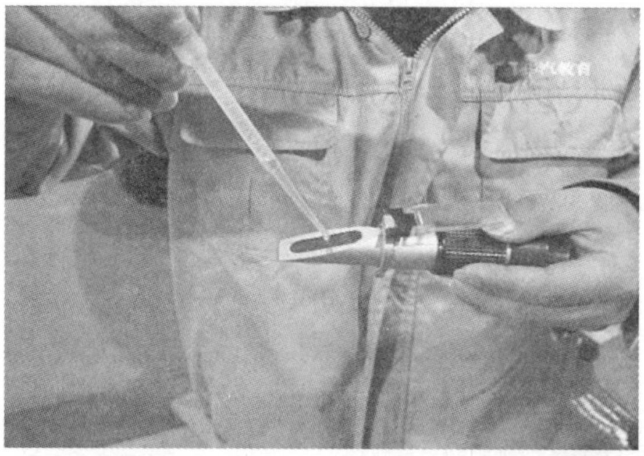

③ 通过观察窗查看冷却液情况。

④ 观察镜内指示情况，小于－40℃需更换。

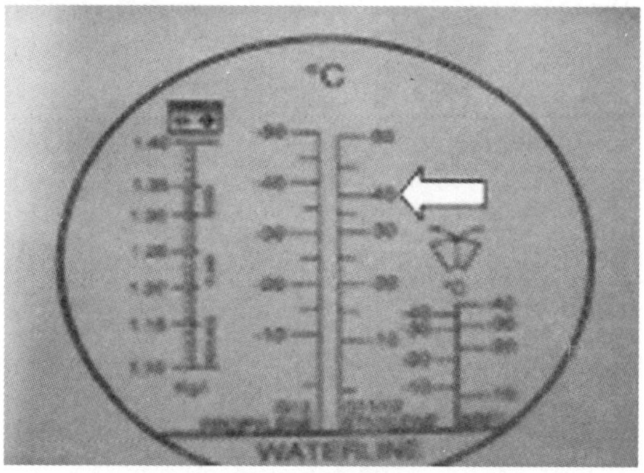

⑤ 检查结束后用干净抹布或纸巾擦拭折射计玻璃镜。

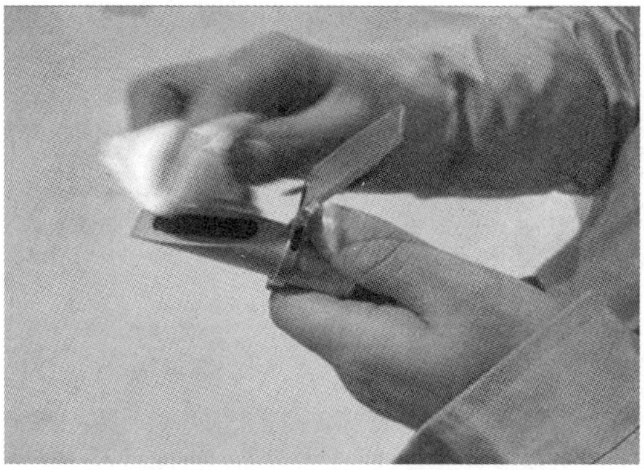

⑥ 将擦拭干净的折射计放入盒内。

3）检查、吹洗空气滤清器

（1）拆卸空气滤清器盖旁的连接软管。

（2）拆卸、取下发动机的空气滤清器罩盖。

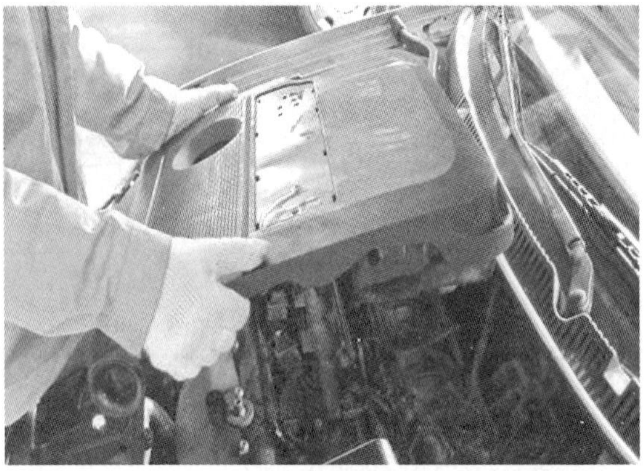

（3）用十字起子旋下空气滤清器罩盖四周的螺栓。

（4）检查空气滤清器，用压缩空气吹洗空气滤清器，然后装回空气滤清器，如脏应更换。

（5）将新的空气滤清器安装到空气滤清器罩内，并用十字起子旋紧盖罩周围的螺栓。

（6）将空气滤清器盖罩安装到发动机上，并将连接软管接好。

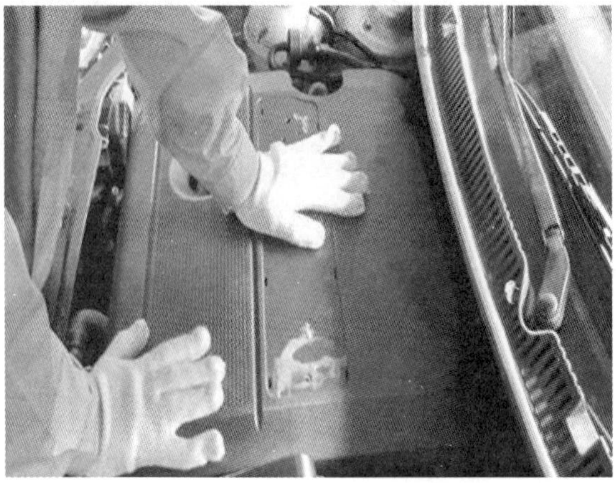

4）检查 V 型传动带技术状况及张紧度

（1）检查 V 型传动带有无龟裂老化或损坏。

（2）检查 V 型传动带张紧度，检查方法用手按皮带轮，扭曲度应在 10 mm 内。

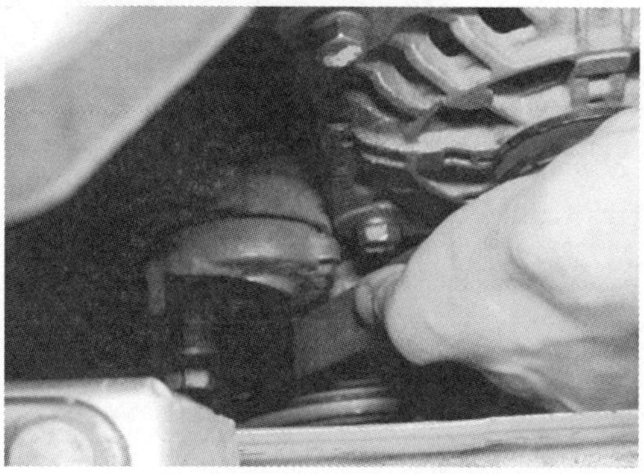

5）检查蓄电池技术状况和连接状况

（1）检查蓄电池正负极桩安装是否牢靠，是否有白色氧化物。

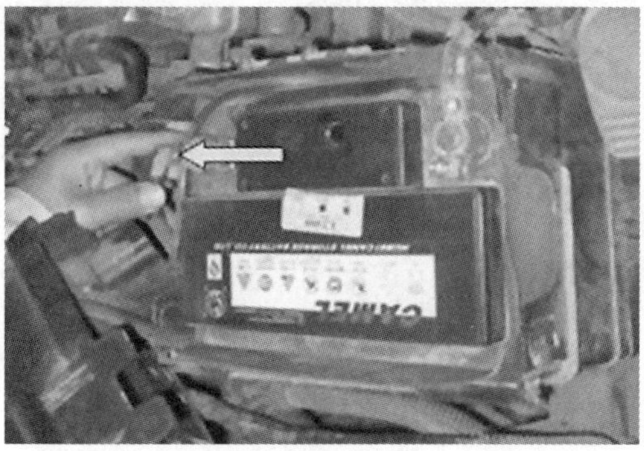

（2）通过观察孔检查蓄电池的良好情况，绿色为正常；黑色为需充电；白色为需更换。

（3）检查蓄电池技术状况。

① 用专用工具 MCR 341V 检查蓄电池电量，专用工具上的红色夹头夹在蓄电池正极，黑色夹头夹在蓄电池负极，屏幕上会显示蓄电池合格或不合格。

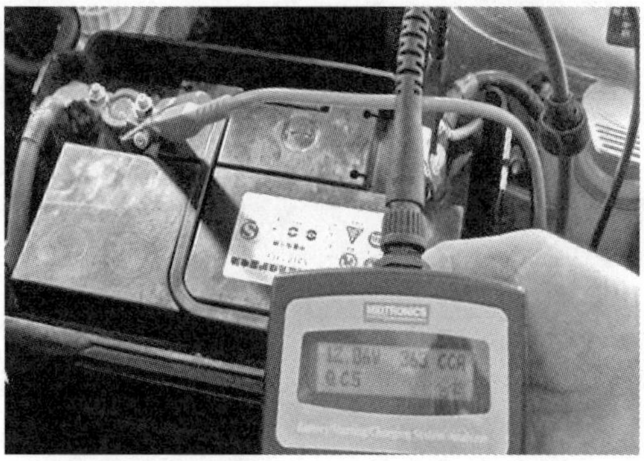

② 或用数字万用表检查启动时蓄电池的电压降，万用表红表棒抵住蓄电池正极，黑表棒抵住蓄电池负极，起动发动机，检查启动时蓄电池的电压降，标准应大于 9.5V。

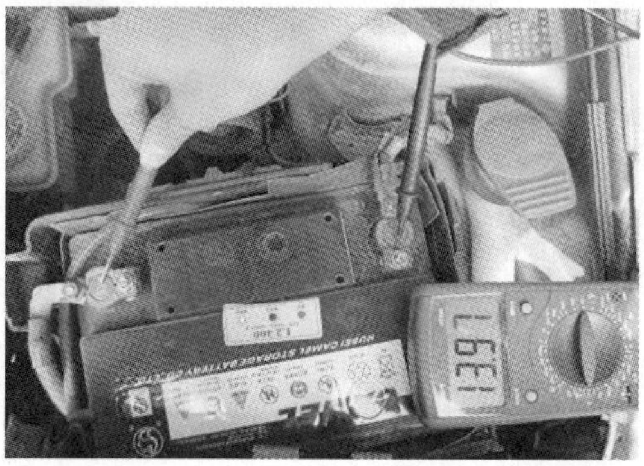

③ 蓄电池的充电。

a. 首先拆下蓄电池负极接线柱。

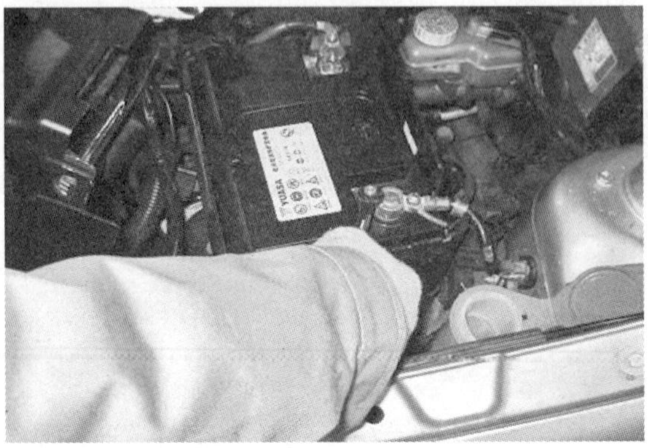

b. 然后拆下蓄电池正极接线柱。

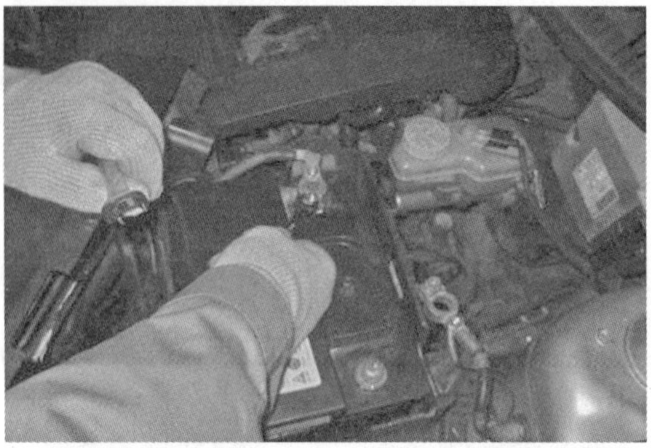

c. 取下蓄电池连接充电机进行补充充电。

d. 安装蓄电池时应先装正极再装负极。

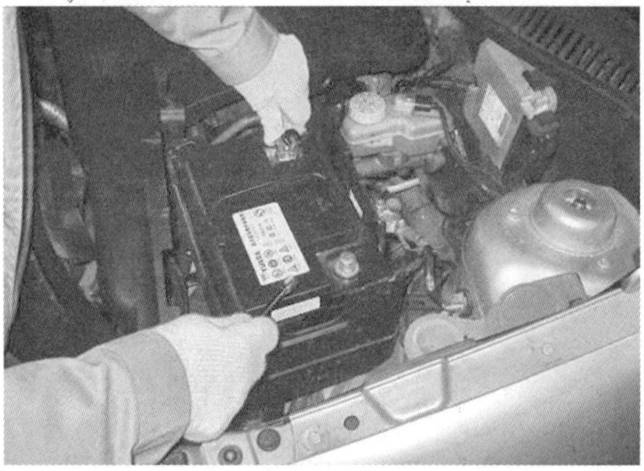

6）检查发电机的输出电压

(1) 起动发动机。

(2) 发电机输出电压应在 13.5～14.2V 间。

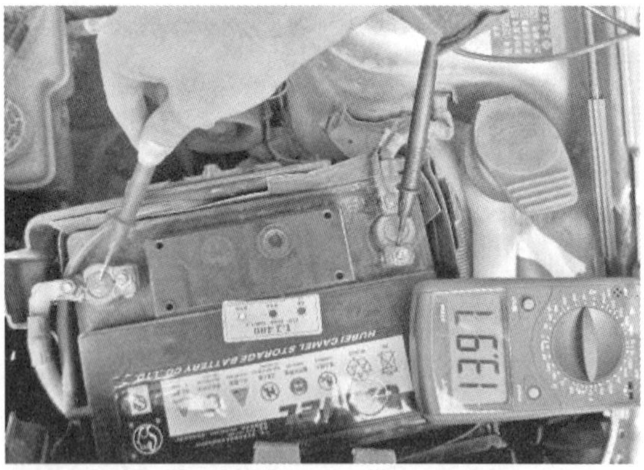

7）检查制动液液量和液质

（1）观察制动液液位应在 min～max 标线之间。

（2）旋下制动液壶盖，检查制动液的品质，应清澈透明，无杂质。

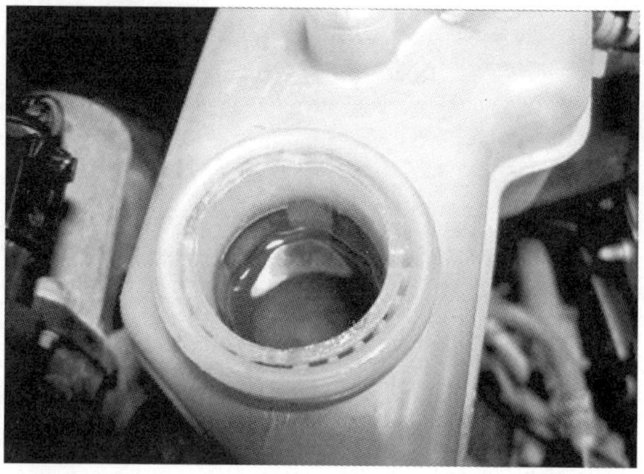

（3）如制动液量少，应添加原厂规定品牌和规格的制动液。

8）检查动力转向液液量和油质

（1）观察动力转向液液位，应在 min～max 标线之间。

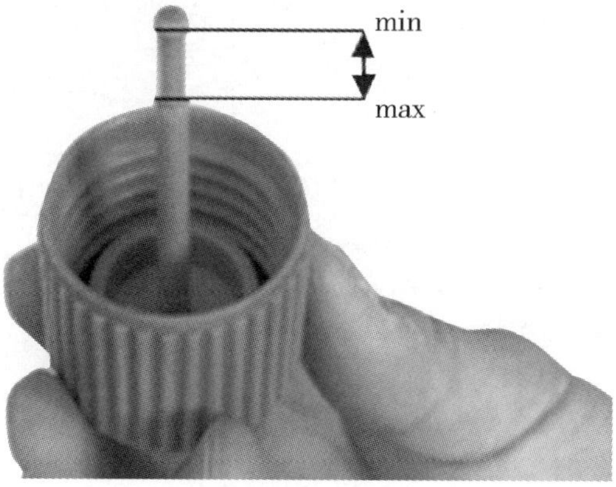

（2）旋下动力转向液壶盖，检查动力转向液的品质，应颜色正常，无杂质，大众动力转向液颜色为紫色。

（3）如动力转向液量少，应添加原厂规定品牌和规格的动力转向液。

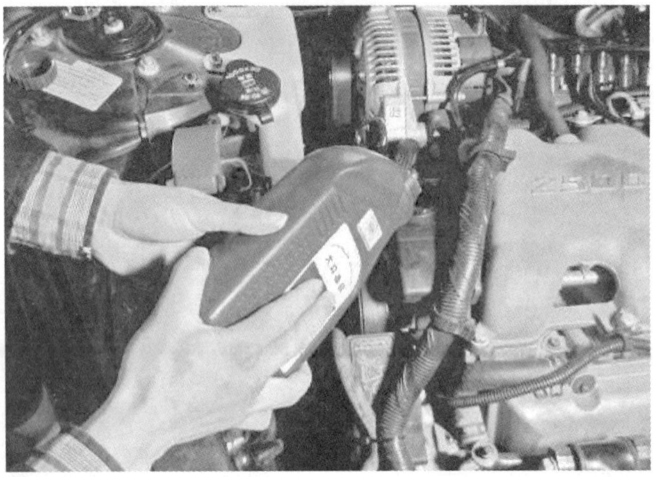

9）检查挡风玻璃清洗液

（1）检查挡风玻璃清洗液液位，观察挡风玻璃清洗液壶内清洗液是否充足。

（2）如挡风玻璃清洗液不足，应添加原厂规定品牌和规格的挡风玻璃清洗液。

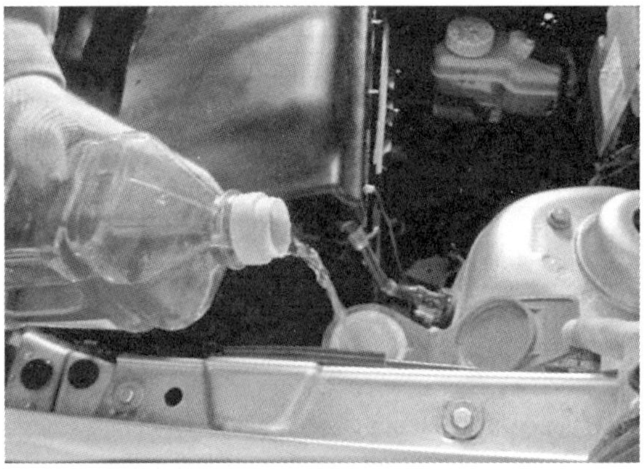

（3）检查挡风玻璃清洗液壶下方有无泄漏。

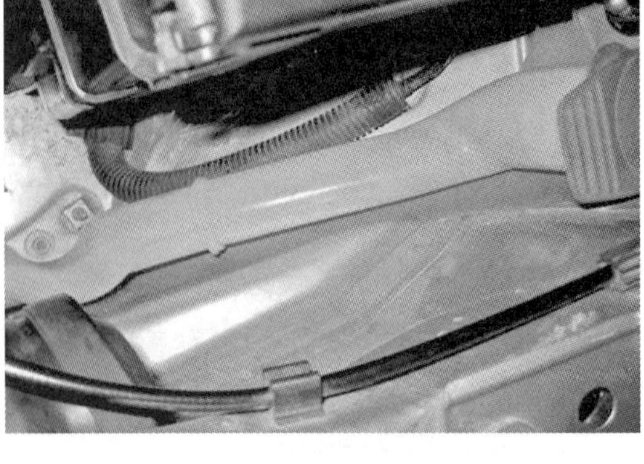

10）检查吹洗空调滤清器

（1）拆卸空调滤清器。空调滤清器在杂物箱下方。

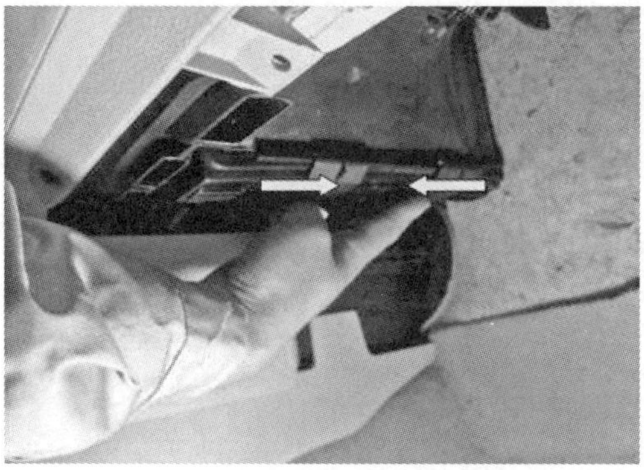

（2）检查、吹洗空调滤清器，然后装回，如脏应更换。

5. 底盘维护作业

1）轮胎的检查

（1）检查轮胎气压是否符合标准。

轮胎气压（kPa）（空载）为前轮 180 kPa，后轮 190 kPa，备胎 250 kPa。

（2）检查轮胎花纹深度、磨损及损坏情况。花纹深度＞1.6 mm。

2）制动蹄和制动盘的检查

（1）轮胎着地时，使用风动扳手和套筒工具逆时针方向拧松车轮紧固螺栓。

注意：车轮螺栓应成对角线拆卸。

（2）车辆略升起离地约 30 cm 左右，再使用气动扳手和套筒工具逆时针方向拧下车轮紧固螺栓，将车轮取下。

（3）卸下车轮，放置在小推车上或轮胎架上。

（4）用 8 cm 花键、棘轮扳手拆卸制动卡钳紧固螺栓。

（5）取下制动片，用钢直尺测量制动片厚度，若制动片厚度低于 2～3 mm 应给予更换。

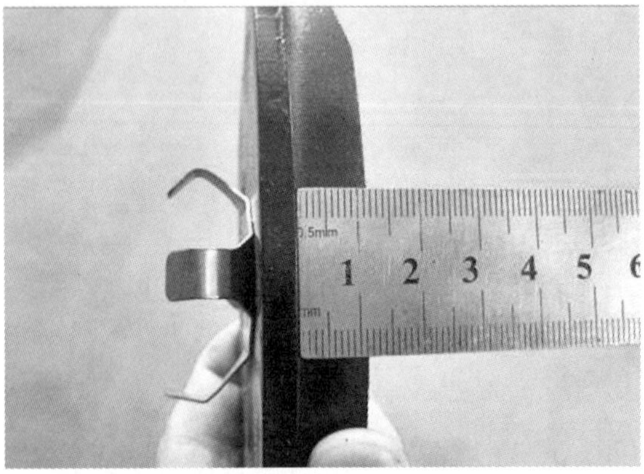

（6）安装制动片，安装制动卡钳，紧固螺栓。紧固力矩为 65 N·m。

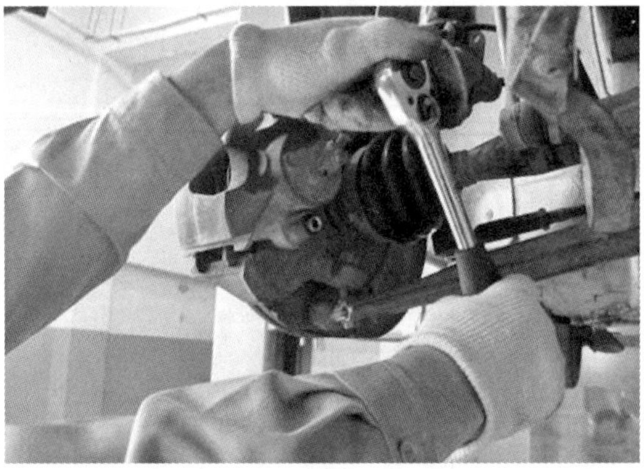

（7）装上车轮，用可调式扭力扳手紧固轮胎螺栓，紧固力矩为 120 N·m。

注意： 车轮应按对角线紧固。

3）检查制动踏板的自由行程和工作状况

（1）检查制动踏板的高度，用 30 mm 钢直尺测量制动踏板与驾驶室底板之间距离就是踏板高度。

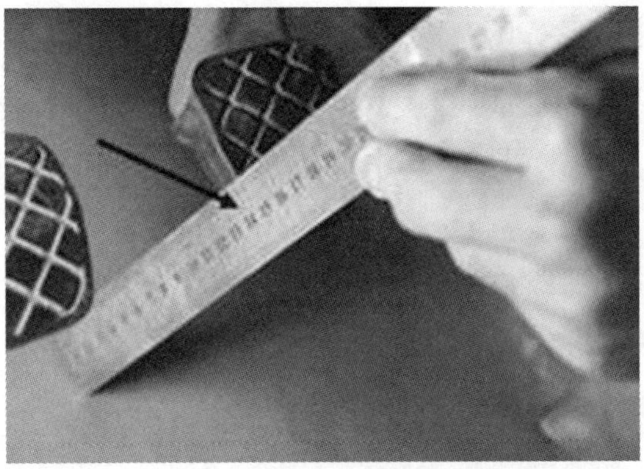

（2）检查制动踏板的自由行程，测量时在制动踏板与驾驶室底板之间立一直尺，用手向下按制动踏板至有阻力时，记下直尺读数。然后放松踏板，再看直尺读数。两次读数之差即为踏板自由行程。踏板自由行程一般为 15～25 mm。

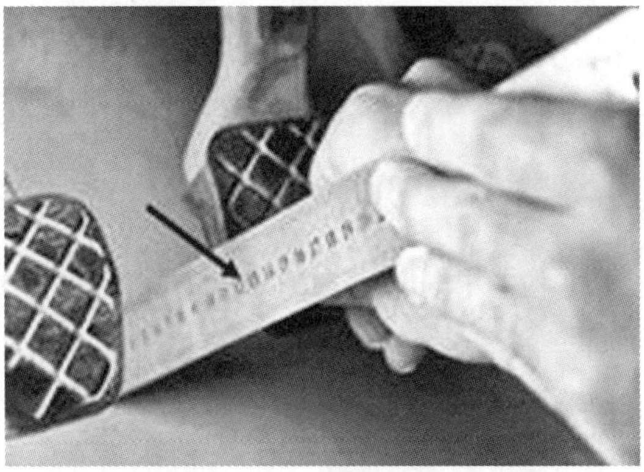

（3）检查制动踏板踩下、抬起的平顺状况。

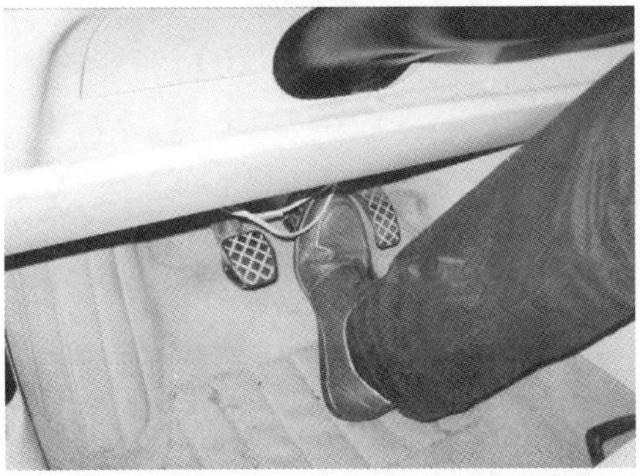

（4）检查制动踏板踩下、抬起是否有噪音。

4）检查车辆底部

（1）将车辆举起。

（2）检查水箱、水管是否渗漏或损坏。

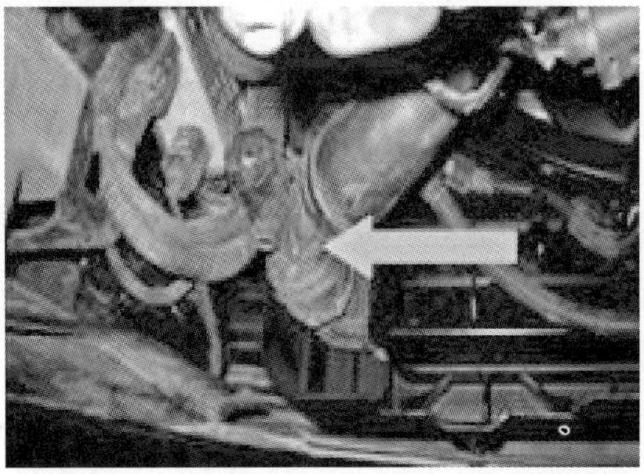

（3）检查变速器是否渗漏或损坏。

（4）检查等速万向节防尘套是否损坏。

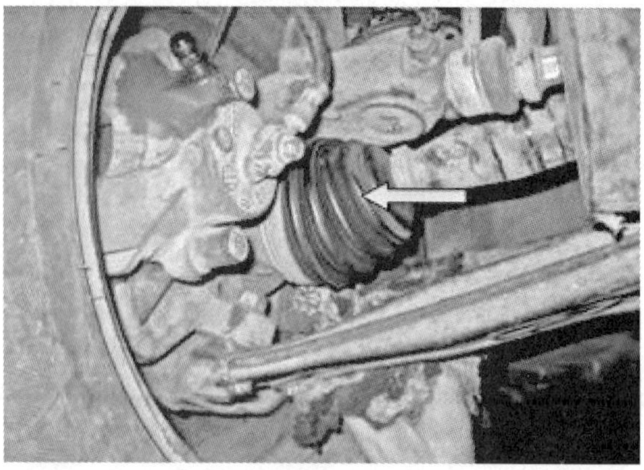

（5）检查转向横拉杆球头固定情况、间隙及防尘套是否损坏。

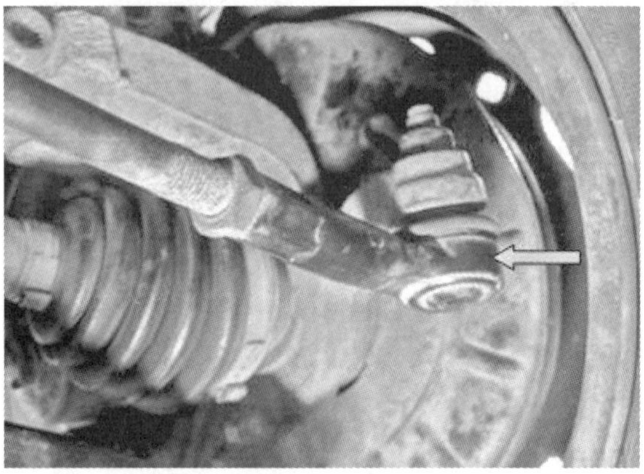

（6）检查悬架的减震器是否漏油，防尘套是否损坏。

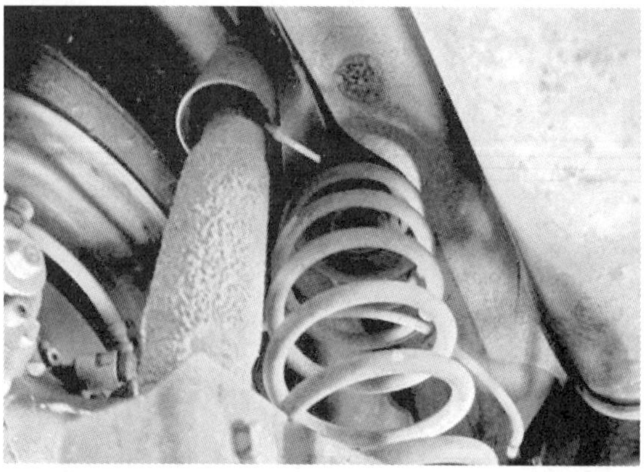

（7）检查车身底板密封保护层有无损坏。

（8）检查车辆底部其他部分是否有异常情况。

6. 车身系统维护作业

(1) 将车辆放下，发动机舱盖打开。

(2) 检查、润滑发动机舱盖液压撑杆及铰链。

(3) 打开发动机舱盖时液压撑杆卡滞，需更换液压撑杆。

(4) 检查发动机舱盖铰链的螺栓和螺母是否松动。

(5) 检查、润滑行李箱盖液压撑杆及铰链。

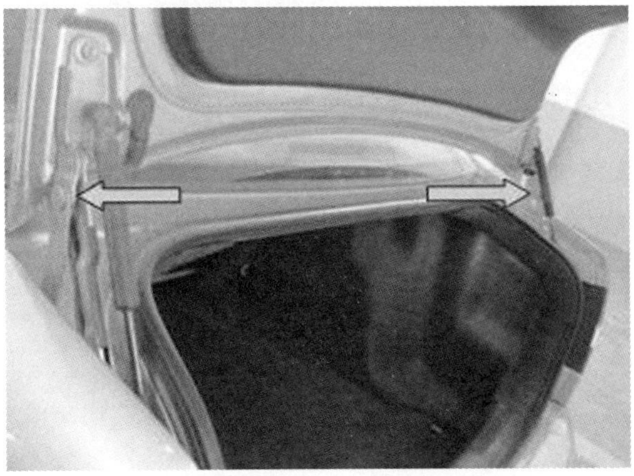

(6) 打开行李箱盖时，如液压撑杆卡滞应更换。

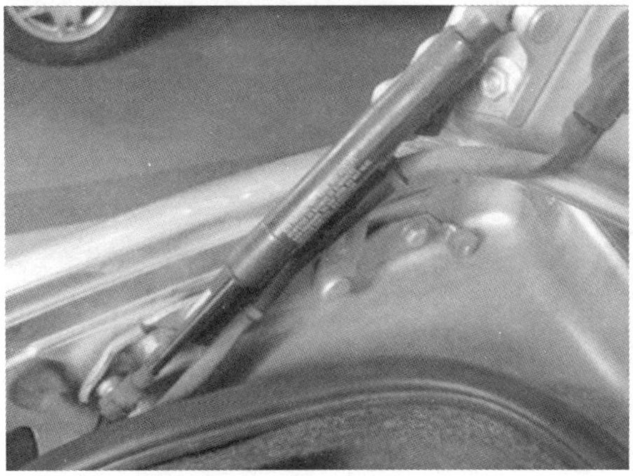

（7）检查行李箱盖铰链的螺栓和螺母是否松动。

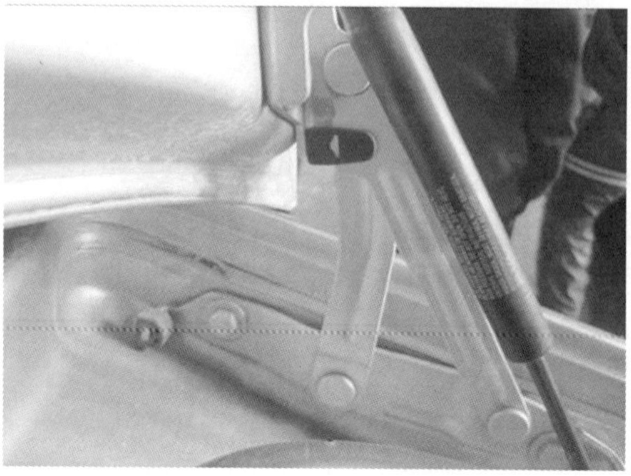

（8）检查、润滑车门铰链。

（9）检查、润滑车门限位拉条。

（10）检查油箱盖有无变形损坏。

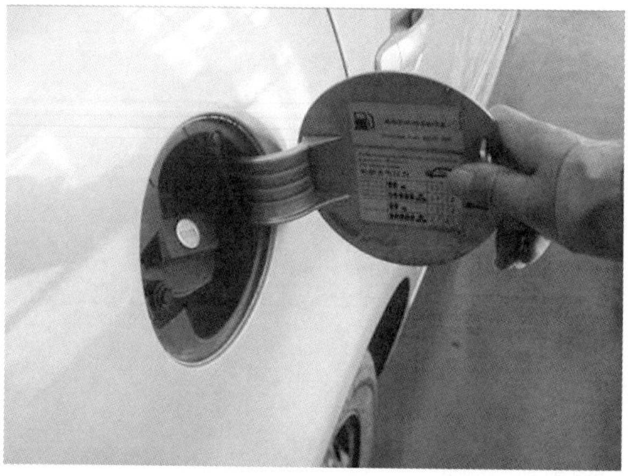

（11）检查悬架的减震器是否正常。

（12）检查车辆有无倾斜。应站在车辆前方观察。

（13）检查座椅的安装情况，座椅固定螺栓有无松动。

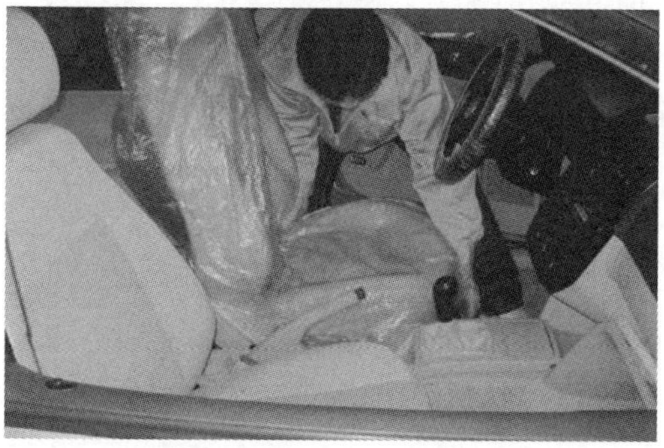

（14）检查安全带的安装情况。用力抽拉安全带会出现张紧力。安全带的锁舌能扣到搭扣。

7. 使用诊断仪检测电控系统

（1）将大众专用诊断仪 VAG5052 接入车辆，汽车上诊断插座位于汽车仪表台下方。

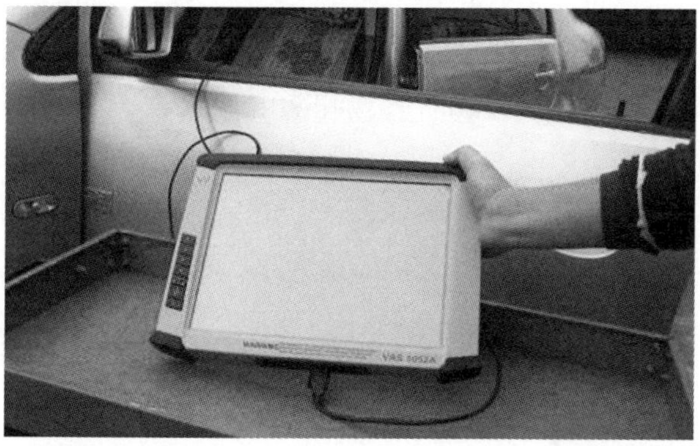

（2）对车辆进行自诊断。

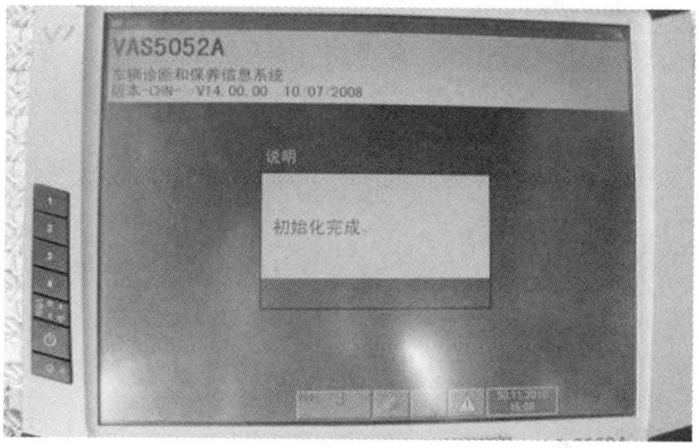

（3）诊断结果正常。

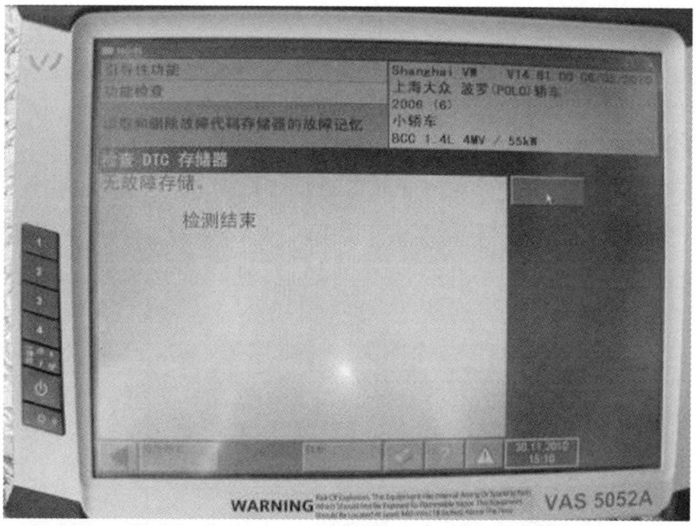

（五）技术要点

(1) 发动机前、后悬挂、进排气歧管、散热器、轮胎、传动轴、车身、附件支架等外露螺栓、螺母须齐全、紧固、无裂纹。

(2) 转向臂、转向拉杆、制动操纵机构工作可靠，锁销齐全有效，转向杆球头、转向传动十字轴承、传动轴十字轴承无松旷。

(3) 转向器、变速器、驱动桥的润滑油面，应在检视口下沿 0～15 mm（车辆处于停驶状态），通风孔应畅通；变速器、减速器突缘螺母紧固可靠。

(4) 各润滑脂油嘴齐全有效、安装位置正确；所有润滑点均已润滑、无遗漏。

(5) 空气滤清器滤芯清洁有效。

(6) 轮胎气压应符合充气规定，胎面无嵌石及其他硬物。

(7) 离合器踏板和制动踏板自由行程符合技术规定。

(8) 灯光、仪表、喇叭、信号齐全有效。

(9) 蓄电池电解液液面应高出极板 10～15 mm，通风孔畅通，接头牢靠。

(10) 车轮轮毂轴承无松旷。

(11) 短途试车，检查维护效果。试车中，发动机、底盘运行正常，无异响；各操纵部位符合技术要求；转向、制动系统灵敏可靠；各部紧固无松动；试车后，检视各部无漏水、漏油、漏气和漏电现象。

二、工作页

1. 一级维护作业 1

车型 1：　　　　　　　　　　　　　　行驶里程：

(1) 查阅资料，写出一级维护作业（或 10 000 km）实训车辆所用到的原厂技术标准。

序号	项　　目	技术标准	备　　注

（2）一级维护作业/10 000 km维护作业表。

序号	检查内容	检查结果	维护作业内容	备　注
1				
2				
3				
4				
5				
6				
7				
8				
9				
10				
11				
12				
13				
14				
15				
16				
17				
18				
19				
20				
21				

2. 一级维护作业 2

车型 2： 行驶里程：

(1) 查阅资料，写出一级维护作业(或 10 000 km)实训车辆所用到的原厂技术标准。

序号	项　目	技术标准	备　注

(2) 一级维护作业/10 000 km 维护作业表。

序号	检查内容	检查结果	维护作业内容	备　注
1				
2				
3				
4				
5				
6				
7				
8				
9				
10				

（续表）

序号	检查内容	检查结果	维护作业内容	备　注
11				
12				
13				
14				
15				
16				
17				
18				
19				
20				
21				
22				
23				
24				
25				

三、复习思考题

1. 车辆一级维护作业与日常维护作业有何区别？

2. 在一级维护作业时，应注意哪些安全事项？

3. 归纳总结一级维护作业的内容和操作步骤，设计一级维护作业的工艺流程。

序号	一级维护作业项目	备　　注